ARISTOTELES

UND

PROFESSOR ZELLER IN BERLIN.

MIT EINEM METAKRITISCHEN VORWORT

FÜR DIE

RECENSENTEN MEINER ARISTOTELES-STUDIEN.

VON

ANTON BULLINGER,

GYMNASIAL-PROFESSOR IN DILLINGEN.

MÜNCHEN.

THEODOR ACKERMANN

KÖNIGLICHER HOF-BUCHHÄNDLER.

1880.

Vorwort.

„Der Verfasser ist in seinen Untersuchungen gegenüber
„den bisher herrschenden Vorstellungen zu überraschenden
„und den Aristoteles im vortheilhaftesten Lichte zeigenden
„Resultaten gekommen, die allerdings ganz dazu geeignet sind,
„das als Motto vorangestellte Wort Hegels: „Wir haben
„ihm nur abzubitten" (wegen seine Lehren entstellender
„bisheriger Auffassung) glänzend zu rechtfertigen, und die
„zugleich so einfach sich ergeben und so gut motivirt
„erscheinen, dass ihnen die Kritik kaum etwas wird an-
„haben können."

Mit diesen keinen Mangel an Selbstgefühl verrathenden Worten
kündigten vor zwei Jahren meine bei Theodor Ackermann in
München erschienenen Aristotelica: „Des Aristoteles Erhabenheit über allen Dualismus und die vermeintlichen
Schwierigkeiten seiner Geistes- und Unsterblichkeitslehre"
und „der endlich entdeckte Schlüssel zum Verständniss der Aristotelischen Lehre von der tragischen Katharsis" in Buchhändler-
anzeigen der Welt ihre Existenz an. Hat ihnen nun die Kritik
vielleicht doch etwas anhaben können? Nach meinem Urtheil war
das bis jetzt nicht der Fall. Erstere Schrift betreffend*) hat

---

*) Mit den Kritikern meines Katharsisschlüssels habe ich mich soeben
auseinandergesetzt in dem „Denkzettel für die Recensenten meines Katharsis-
schlüssels." München, Theodor Ackermann.

1*

meines Wissens zuerst Prof. Dr. C. Schaarschmidt in den „Philosophischen Monatsheften" (Band 14, S. 309 f.) sich vernehmen lassen. Ich antwortete darauf in der „Allgem. Zeitung" (Beilage Nr. 359 vom 25. Dec. 1878, S. 5306) und lasse hier — zugleich als Ergänzung meiner Darstellung der Aristotelischen „Geistes- und Unsterblichkeitslehre" — das Wesentliche meiner Antwort wieder abdrucken. Nachdem ich es getadelt, dass mein Kritiker, wenn er es angezeigt fand, eine das Resultat einer Abhandlung zusammenfassende „logische Formel" auszuheben, nicht für die Vermeidung sinnstörender Druckfehler Sorge trug, fahre ich so fort: „Wenn er dann meint, dass ich den Aristoteles in einen „Hegelianer und Pantheisten" verwandle, indem ich „der ὕλη, auf Grund ihres Charakters als δύναμις nicht nur ihr Principsein, sondern ihr Sein überhaupt abspreche": so habe ich eben nicht verwandelt, sondern entdeckt, freilich keinen Pantheisten, sondern einen vernünftigen Philosophen, der Gott als hervorbringende und Zweck-Ursache der Welt zugleich begreift; der Materie aber spreche ich nicht ihr relatives Sein, wohl aber ihr Principsein ab, auf Grund — ihrer vollen Definition bei Aristoteles. Wenn Sch. ferner sagt: „Neu und unerhört dürfte es sein, den νοῦς παθητικός der Substanz nach eins mit dem νοῦς ποιητικός zu machen, welcher letztere nach Aristoteles θύραθεν in den Menschen hineinkommt, während jener, als der Natur angehörig, von ihm ausdrücklich als φθαρτός d. h. mit dem Tode vergehend bezeichnet wird" — so hätte er doch andeuten sollen, dass der νοῦς παθητικός nach meiner Auffassung eben nicht die sensitive Seele ist, wofür man ihn fälschlich hält, sondern ein accidentelles Moment des Einen νοῦς, dessen Receptivität für die Gedankenbestimmungen der äussern Wirklichkeit! Wo sagt denn aber Aristoteles, dass der „νοῦς ποιητικός" θύραθεν in den Menschen komme und dass der νοῦς παθητικός „der Natur angehörig"? Ersteres sagt er vom νοῦς ohne Beisatz, von der Substanz des νοῦς; letzteres aber sagt er nirgends. Der „νοῦς παθητικός" kommt nur De an. III, 5 vor. Dieses, wie des vorhergehenden Capitels Gegenstand ist aber der νοῦς im eigentlichen Sinne dieses Wortes, der νοῦς im Unterschiede vom sinnlichen Wahrnehmungsvermögen, und erscheint derselbe gelegentlich seiner (accidentellen)

Selbstverwirklichung im Denken selbst als doppelter *νοῦς*, einerseits als thätiger, der denkend „Alles macht", andererseits als bestimmbarer und leidender, der „Alles wird". Der „*νοῦς παθητικός*" am Ende des Capitels ist schlechterdings nicht zu unterscheiden von dem Alles werdenden Geiste, der im Vorhergehenden *ὕλη* und *πάσχον* genannt und — zweimal indirect als corruptibel bezeichnet wird. Es wird da eine, vom *νοῦς* gemachte Aufstellung dahin präcisirt, dass nur der „thätige Geist", d. h. eben der Geist als thätiger „leidenlos, unvermischt [mit dem Körper — während der leidende gewissermassen (accidentell) damit vermischt ist, sofern in ihm die durch sinnliche Wahrnehmung und Vorstellung vermittelten Gedankenbestimmungen äusserer Wirklichkeit aufgenommen werden] und trennbar [vom Körper]" sei. Von eben diesem Geiste heisst es gegen Ende des Cap., dass nur er „unsterblich und ewig", nicht also der Geist als Bestimmungen von aussen empfangen habender. Wird nun zuletzt die dieser Unsterblichkeit entstehende Schwierigkeit des Mangels an Erinnerung durch die Bemerkung beseitigt, dass der leidende Geist corruptibel sei und der thätige ohne ihn nichts (d. h. keinen Gedanken äusserer Wirklichkeit) denke: so ist dieser „leidende Geist" offenbar dasselbe, was so eben dem „thätigen Geiste" als „Alles werdender Geist" als „Materie (der Gedanken)", als „Leidendes" gegenüber gestellt worden. Das „corruptibel" aber ist eben in einem dem Zusammenhange entsprechenden Sinne zu fassen. Der „leidende Geist" ist nicht etwas Substanzielles für sich, ist nur ein accidentelles Moment des Geistes; seine „Corruptibilität" kann also auch nur die accidentelle der Vergesslichkeit sein. An Gedanken erinnert man sich nun nach Aristoteles nur per accidens, indem eine erinnerte, d. h. von dem Bewusstsein, dass wir sie früher schon gehabt, getragene Vorstellung den betreffenden Gedanken begleitet; Gegenstand solcher Erinnerung können nur Gedanken sein, „die nicht ohne Vorstellung sind" d. h. also Gedanken, die sich beziehen auf eine sinnlich wahrnehmbare und daher auch vorstellbare äussere Wirklichkeit. Das eigene geistige Selbst und die durch dieses unmittelbar erfassbaren Principien, sie sind nicht Gegenstand der Erinnerung, sind aber dem Geiste unverlierbar, da dieser, wenn er denkend die objective

Welt in sich gesetzt hat, von sich aus sich bethätigen, ohne äussere Veranlassung denken (ἐνεργεῖν δι' αὐτοῦ) kann. Die durch sinnliche Wahrnehmung und Vorstellung vermittelten Gedanken äusserer Wirklichkeit aber, die nach Aristoteles allerdings in unserm Geiste haften, nach dem „Lernen oder Finden" nur gewissermassen (πώς) noch Möglichkeiten sind, sofern wir sie nicht immer actu denken, sie können, wenn nicht weiter mehr actualisirt, so zurücktreten, ihre Spur kann sich so verwischen, dass wir ihrer zuletzt uns nicht mehr erinnern, eine Corruptibilität des Geistes, die seiner Unsterblichkeit keinen Eintrag thut". —

Eine fernere Besprechung fand ich im (Wien-Leipziger) „Literaturblatt" (II. Jahrg. S. 254). Der sich nicht nennende Referent will in dem Schriftchen etwas zu viel „Hegel'sche Terminologie" finden, vindicirt demselben aber das „Verdienst, die betreffenden Probleme von verschiedenen Schwierigkeiten befreit zu haben". Anlangend seine Befürchtung, es möchte wegen der „Hegelschen Terminologie" auch von meinem Schriftchen gesagt werden, was Aristoteles von seiner Metaphysik sagte, dass es nämlich „herausgegeben und doch nicht herausgegeben sei", muss ich mich eben mit dem Bewusstsein trösten, dass es der Natur der Sache gemäss, wie es immer so war, nothwendig immer so bleiben wird, dass der Philosophie gegenüber von denjenigen, die ihr mehr oder weniger ferne stehen, über Unverständlichkeit geklagt wird; dass aber ich wenigstens mir mit gutem Gewissen sagen kann, auf Gemeinverständlichkeit möglichst Rücksicht genommen zu haben.

Zuletzt kam noch ein Referat im Zarncke'schen „Literarischen Centralblatt" (Nr. 22, Sp. 700 des Jahrg. 1879). Dieses Referat, das so recht die Oberflächlichkeit dokumentirt, womit in solchen Literaturblättern oft recensirt wird, soll hier mit ein paar betreffenden Orts in Klammern angebrachten Gegenbemerkungen in extenso mitgetheilt werden. Es lautet: „Zwei Abhandlungen, zu welchen dem Verfasser das 50jährige Doktorjubiläum seines Lehrers Leonhard Spengel in München Veranlassung gab". Derselbe geht von der für ihn „wohlbegründeten" Ueberzeugung aus, dass Plato und Aristoteles, vorausgesetzt, dass der erstere „nicht einen Unsinn zum Besten gab", eigentlich „das Nämliche lehren", ihre Weltanschauung dieselbe sei. Was der Verfasser unter „Unsinn" versteht, erhellt aus der Frage: „Was wäre denn das für ein Fortschritt der Philosophie in Plato gewesen nach seinen Vorgängern, wenn er wirklich eine ewige Materie und neben einem „Gott" im Blauen herumflatternde Ideen u. dergl. gelehrt hätte?" Seine Argumentation lautet daher: Da der Dualismus (Gott und Materie) ein Unsinn ist, Plato aber keinen Unsinn gelehrt haben kann, und da seine und Aristoteles' Weltanschauung die nämliche ist, so kann auch Aristoteles keinen Dualismus gelehrt haben. [Dass das meine Argumentation sei, beruht lediglich auf einer Phantasmagorie des Recensenten, der, abgesehen von ein paar Worten am Schlusse über den νοῦς, nur aus meiner Vorrede citirt und argumentirt.] Demgemäss sucht die erste Abhandlung den Beweis zu führen, es gebe einen Punkt wo der Universalismus der Platonischen Ideenlehre mit dem Individualismus des Aristotelischen Substanzbegriffs coincidirt, sofern der göttliche Geist „nicht im Sinne des Dualismus abstraktes Jenseits, sondern schöpferisches Princip der Welt und ihr immanenter Endzweck sei". [Auch wieder eine blosse Phantasmagorie! Ich suche vielmehr in der Abhandlung den Beweis zu führen, dass Aristoteles „ein über allen Dualismus erhabenes Bewusstsein in der entschiedensten Weise ausgesprochen", wie dies auch mit eben diesen hier citirten Worten in der Einleitung (S. 2) ausdrücklich gesagt ist. In dem die Abfassung dieser und der andern (psychologischen) Abhandlung motivirenden Vorwort sage ich allerdings (S. VII), dass die erste der beiden Abhandlungen einen Beitrag dazu liefern wolle, das Bewusstsein des wahren Verhältnisses des Aristoteles zu Plato zur allgemeinen Geltung zu bringen, und dass daraus der angedeutete Coincidenzpunkt sich ergeben möchte. Das ist aber nur ein weiterer, indirekter Zweck der Abhandlung; um welche Beweisführung in ihr es zunächst sich handelt, darüber hätte der Recensent, statt aus jenem Vorwort, aus der Abhandlung selbst oder doch wenigstens aus ihrer Einleitung sich Raths erholen sollen.] In der zweiten Abhandlung sucht der Verfasser, davon ausgehend, dass Aristoteles in Betreff der Unsterblichkeit der Seele keinen „Gallimathias" könne geschrieben haben, darzuthun, dass der thätige und leidende νοῦς nicht zwei verschiedene Substanzen, sondern lediglich zwei Seiten eines und desselben (unsterblichen) νοῦς seien. Als Hauptbeweis wird angeführt, dass Aristoteles im 4. Kapitel (De an. III) nicht „von den Theilen", sondern „von dem Theile" (περὶ τοῦ μορίου) der Seele rede, „womit sie erkennt und denkt", also nur einen einzigen, im 5. Kapitel dagegen „auf einmal" deren zwei aufgestellt haben soll." [Der Recensent ist zu Ende. Ich muss leider auch zu seiner Schlussbemerkung, in welcher er endlich löblicher Weise einmal aus der betreffenden Abhandlung selbst citirt, eine Gegenbemerkung machen. Die citirte Stelle aus De an. III, 4 wird lediglich von ihm zu meinem „Hauptbeweis" gestempelt. Ich selber berühre allerdings das Faktum gelegentlich (S. 60), ohne jedoch weiterhin ein Gewicht darauf zu legen. Die Nothwendigkeit meiner Auffassung begründe ich vielmehr einmal durch die Darlegung des blühenden Unsinns, der bei der Annahme des Gegentheils herauskommt, sodann aber — und das ist, wie Jedermann sieht, der zu sehen fähig ist und sehen will, mein Hauptbeweis — durch den betonten Hinweis darauf, dass die Verwirklichung, von der in unserm Falle Aristoteles spricht, nicht der Kategorie der Substanz angehöre, dass es sich vielmehr lediglich um die accidentelle Selbstverwirklichung des menschlichen Geistes im Denken handle, und dass darum auch die beiden Momente der Passivität und Aktivität, die nach Aristoteles bei jeder Verwirklichung zu unterscheiden sind, in unserm Falle nicht als zwei substanziell verschiedene Nuse aufzufassen seien, sondern lediglich als die zwei Seiten dieser accidentellen Selbstverwirklichung, als die Bestimmbarkeit, die Receptivtiät des Geistes für die (durch seine eigene Thätigkeit in ihm gesetzten) Gedankenbestimmungen der objektiven Welt einerseits und seine bestimmende, die Gedanken setzende Thätigkeit andrerseits (S. 62—65). —

Abgesehen von literarischen Zeitschriften findet sich noch eine Notiznahme, zwar nicht von dem Katharsisschlüssel und von meiner Darstellung der Aristotelischen Geisteslehre, wohl aber von meinen Nachweisungen über „des Aristoteles Erhabenheit über allen Dualismus" in der neuesten (3.) Ausgabe von Dr. Ed. Zeller's „Aristoteles und die alten Peripatetiker"

(2. Th., 2. Abth. der „Philosophie der Griechen in ihrer geschichtlichen Entwicklung") S. 379. Diese Notiznahme (vgl. IV, 6 gegen Ende) kam mir, trotz ihrer negativen Haltung oder vielmehr gerade wegen derselben, nicht wenig erwünscht, da ich nun so Gelegenheit und Veranlassung habe, an dem Beispiele Zellers, der die Kenntniss der altgriechischen Philosophie betreffend so sehr als Autorität gilt, dass man ihm ohne weiteres nachschreibt, ja die Worte seiner Darstellung der Aristotelischen Lehre gleich als Aristotelische Stellen citirt, zu zeigen, wie sehr der alte Aristoteles noch immer missverstanden wird.

So wie ich den Aristoteles auffasse, ist er in Uebereinstimmung mit sich und entwickelt in seinen Philosophemen eine tiefsinnige, vernünftige Weltanschauung; wie er dagegen jetzt gewöhnlich genommen wird, war er der heilloseste Confusionarius, den je die Sonne beschienen und ist seine Lehre ein Konglomerat der greifbarsten Widersprüche und des haarsträubendsten Unsinns. Dabei thut meine Interpretation den Worten des Aristoteles in keiner Weise Gewalt an, fasst sie nur in einem ebensosehr den Zusammenhang mit dem Ganzen als die unmittelbare Bedeutung des Besondern wahrenden Sinne, während man andrerseits auf aus dem Zusammenhang herausgerissenen Einzelheiten herumreitet und auf den Schein gewisser Worte und Sätze hin nicht wie weiland Shylock ein Pfund Fleisch aus dem Leibe des armen Opfers, wohl aber die Verzichtleistung desselben auf allen gesunden Menschenverstand fordert, den doch einem on-dit zufolge Aristoteles in hohem Grade besessen haben soll.

Dillingen, im Mai 1880.

Der Verfasser.

Einleitung.

Es handelt sich in Nachstehendem lediglich um eine Kritik der Zeller'schen Auffassung der Aristotelischen Philosophie in Bezug auf deren Hauptpunkte. Wenn daher Zeller die Katharsisfrage betreffend sich freut, hier gleicher Ansicht zu sein mit Brandis und Susemihl, so mag er diese Freude für sich haben und, damit ihm dieselbe nicht getrübt werde, ja S. 13 ff. meines Katharsis-Schlüssels nie ansehen. Wenn er aber auch die Nuse betreffend meine, wie mir scheint, das alte Räthsel lösende Auffassung ignoriren zu müssen glaubt, so muss er mir erlauben, ein wenig nachzusehen, wie weit denn das, was er aus Aristoteles herausliest, einen Sinn hat oder nicht. Einer Berücksichtigung erfreue ich mich von Seiten Zeller's, wie schon angedeutet, lediglich in Bezug auf die Frage, ob Aristoteles Dualist sei oder nicht, eine Frage, die allerdings eine Hauptfrage ist und im engsten Zusammenhange steht mit allen andern Hauptfragen; es wird mir da die Ehre der Abweisung zu Theil, weil eben auch Z. aus verschiedenen Gründen für den Dualismus des Aristoteles sich entschieden hat. Zum Behufe der Antwort auf diese Abweisung müssen wir uns über Zeller's Auffassung der metaphysischen Grundvoraussetzungen des Aristoteles orientiren. Nehmen wir also das dickleibige, nicht weniger als 948 Seiten zählende Buch Zeller's her. Da finden wir zunächst eine recht weitläufige Gelehrsamkeit über die Aussenseite der Sache, über des Aristoteles Leben, Schriften u. s. w. Wenn dann aber einer etwa diese dicke Schale überwunden und nun endlich zum süssen Kern

Aristotelischer Weisheit zu kommen hofft, sieh da, da trägt ihm
Z. seine Rathlosigkeit vor und sein Unvermögen, das sich
zusammenzureimen, was Aristoteles über die wichtigsten metaphysischen Fragen, über den Begriff der Welt und Gottes vor-
bringt. Alles wäre da voll der tollsten Widersprüche, Aristoteles
wäre, wenn Z. recht hätte, der ärgste Confusionär gewesen, den
je die Sonne beschienen und der jedenfalls das Philosophiren besser
andern überlassen hätte. Dies ist der nothwendige Refrain, der
bei jedem Hauptpunkte Aristotelischer Lehre nach Zeller's
Darstellung dem Leser sich aufdrängt.

I.

Das Einzelne und das Allgemeine.

1. Die Frage nach dem Begriff des Einzelnen und des Allgemeinen und nach deren Verhältniss zur (grössern) Wirklichkeit
(Substanzialität) und Erkennbarkeit — von Aristoteles selbst als
die schwierigste der Aporien bezeichnet — stellt Zeller voran
und — missversteht die Aristotelische Lösung in einer Weise,
wie sie schlimmer nicht missverstanden werden könnte. Da hätte
ihm „Des Aristoteles Erhabenheit etc.“, wenn er dieses Schriftchen
genauer hätte anschauen und auch noch das letzte Kapitel desselben
hätte würdigen wollen, ein guter Fingerzeig sein können. Ich
habe, dem Aristoteles folgend, die Lösung jener „schwierigsten
Aporie“ an das Ende gestellt und es ausdrücklich motivirt, warum
diese den Begriff der ganzen Metaphysik voraussetzende, resp. in
ihr eigentlich gegebene Lösung erst am Ende der Metaphysik,
als kurze Rekapitulation derselben gleichsam, gegeben werden
könne. Ich will hier ein paar Stellen ausheben, woraus Z. er-
sehen kann, was Aristoteles unter dem „Allgemeinen“ verstehe,
und was es sagen wolle, die Wissenschaft gehe auf das Allgemeine, wirklich aber sei nicht das Allgemeine, sondern das
Einzelne. Daraus wird ihm dann mit einem Schlage auch klar
werden, was Aristoteles über den Begriff der Substanz und ihr

Verhältniss zum Stoff und zur Form sagt. „Das Allgemeine",
heisst es da S. 81, „die Gattung für sich betrachtet ist dem
Aristoteles das Unbestimmte, bloss Mögliche: wirkliche Wesenheit,
Substanz ist ihm bloss das Einzelne, das Diese, aber nicht
ein Dieses, das von andern Diesen bloss verschieden wäre, so dass
die vielen Diese nichts miteinander gemein hätten, sondern
das Diese einer bestimmten Art, das dann als solches auch erkennbar ist, da Erkennbarkeit und Begriffsbestimmung in erster
Linie dem zukommt, was zu den Arten einer Gattung gehört
(Metaph. VII, 4)." Und S. 82 ff. sage ich: „Die Lösung (unserer
Aporie) wird nun (von Aristoteles Metaph. XIII. 10) so gegeben,
dass die Wissenschaft allerdings das Allgemeine zum Gegenstande
habe, aber nur das Allgemeine in dem Vielen, das der Art nach
Identische in dem numerisch Unterschiedenen. Es gibt, sagt
Aristoteles, nicht bloss Ein a, Ein b u. s. w., sondern viele,
während ausser ihnen kein a = an sich (kein ideelles a, keine
A. = Idee), kein b = an sich existirt; und ebenso gibt es unzählig
viele aus den vielen a und b zusammengesetzte gleiche Silben
ab oder ba. Die vielen a sind der Zahl nach verschieden, der Art
nach aber identisch; ebenso die Silben. So begreift sichs jetzt,
wie die Wissenschaft auf das Allgemeine gehen kann, trotzdem
die Substanz ein Einzelnes, dieses ist. „Der Satz" (dass nämlich
alle Wissenschaft auf das Allgemeine gehe) sagt Aristoteles, „ist
in einer Beziehung wahr, in anderer aber falsch. Die Wissenschaft nämlich, resp. das Wissen ist ein zweifaches, ein potenzielles und ein aktuelles. Das potenzielle Wissen als Materie ist
allgemein und unbestimmt und geht daher auf das Allgemeine
und Unbestimmte, das aktuelle Wissen aber ist bestimmt und
geht auf Bestimmtes, es ist ein Dieses und geht auf ein Dieses.
Allein in accidenteller Weise sieht das Auge die Farbe im Allgemeinen, weil die bestimmte Farbe, die es sieht, Farbe ist;
wie auch, was der Grammatiker erkennt, dieses bestimmte a, a
überhaupt ist". Dieses a überhaupt, das in allen wirklichen a
manifestirte allgemeine a ist von der Abece-Schule her Gegenstand des „auch nach dem Lernen oder Finden in gewissem Sinne
noch potenziellen" (cf. De an. 429, b, 8 ff.), i. e. habituellen
Wissens des Grammatikers. Gegenstand seines aktuellen Wissens

dagegen, seines wirklich ein wirkliches a erkennenden Wissens
ist gegebenen Falls immer ein bestimmtes a, das eine Sonderexistenz hat, so oder so in Schrift, Druck oder sonst einem
Material ausgeführt ist. In jedem dieser bestimmten a erkennt
er aber auch in accidenteller Weise, d. h. nicht als eine für sich
seiende Sonderexistenz, als Substanz gleichsam, sondern nur als
das allgemeine identische Wesen der für sich existirenden a das
a überhaupt. Und so verhält es sich bei allem Wissen. Die in
meinem habituellen Wissen stehenden Begriffe: Baum, Thier,
Mensch u. s. w. haben freilich nur ein Allgemeines und Unbestimmtes zum Gegenstande, etwas bloss Mögliches. Sobald ich
aber aktuell in einer gegebenen Erscheinung einen Menschen, ein
Thier, einen Baum erkenne, ist mein Gegenstand immer ein be-
stimmter, ein dieser. In accidenteller Weise aber erkenne ich
in diesem bestimmten Baum, Thier, Menschen den Baum, das
Thier, den Menschen überhaupt, den Begriff, der in allen Einzelnen von derselben Art derselbe ist, ihr identisches Wesen ist,
ohne welches überhaupt alles Erkennen und Wissen unmöglich
wäre, das aber Wirklichkeit bloss in den einzelnen existirenden
Bäumen, Thieren, Menschen und in gewissem Sinne auch in
meinem Wissen hat. Indem ich dieses Wesen, den Begriff von
Baum, Thier, Mensch u. s. w. in meinem Denken aktualisire,
realisire ich ihn als Begriff in seiner reinen Wesenhaftigkeit, aber
nicht als ausser mir für sich seiende Substanz, sondern lediglich als
accidentelle Bestimmung in meinem dabei ein Dieses, eine individuelle Substanz bleibenden Ich. Das reale sich und in sich Alles
wissende, immer Alles in Wirklichkeit denkende Allgemeine zu
sein, woran der Himmel hängt und die ganze Natur, diese
Funktion überlässt Aristoteles dem Einen Princip aller Wirklichkeit, seinem Gott, zufrieden mit dem Bewusstsein, dass sein den
Dingen auf den Grund sehendes Denken darin das Allgemeine
erkenne, dass in dem Seins- und Lebensgrunde der von ihm be-
griffenen einzelnen Diesen eine und dieselbe Manifestation des
allumfassenden, allwaltenden Urgrundes der Dinge gegeben sei
wie in allen gleichartigen Diesen, und dass auch das der Gattung nach Verschiedene nur eine zu immer höherer Innerlichkeit
und Freiheit aufsteigende Stufenreihe der Verwandtschaft bilde,

auf deren Spitze er denkend in mit allen Denkenden identischer Weise das reine Wesen der Dinge erfasse...... Alle Menschen haben, wenn auch der Zahl nach verschiedene, doch der Art und dem Begriffe nach identische Principien; so kann ich den Begriff des Menschen, der in allen einzelnen Menschen der gleiche ist, erfassen, und aus demselben Grunde den des Baumes, des Thieres, des Staates u. s. w. — vorausgesetzt, dass auch die verschiedenen Gattungen in gewissem Sinne identische Principien haben, dass das Wissen, resp. der denkende Geist selbst gewissermassen identisch ist mit allen diesen Dingen, so dass er, wie in allen Bäumen dieselbe Baumnatur, so in allen Gegenständen seines Wissens nur sich selber weiss. So ist es aber nach Aristoteles". — —

2. Das Einzelne in seiner specifischen Bestimmtheit ist das Allgemeine, und mit dieser specifischen Bestimmtheit hat es das Wissen zu thun; als Realität aber weiss es diese (allgemeine) specifische Bestimmtheit nur in konkreter Einzelheit. Dies ist die möglichst deutlich ausgesprochene Aristotelische Lösung der „schwierigsten" der Aporien. Diese Lösung versteht nun aber Z. durchaus nicht. „Soll das Einzelne," meint er (S. 310), „das ursprünglich Wirkliche sein, so müsste es gerade als Einzelnes den eigentlichen Gegenstand des Wissens bilden". Und nachdem er verschiedene unmögliche Erklärungsversuche anderer durchgenommen, konstatirt er nochmal den Aristotelischen Satz: Substanzialität komme nur dem Einzelnen zu, Gegenstand des Wissens aber sei das Allgemeine, weil es „an sich selbst ursprünglicher und erkennbarer, weil ihm allein die Umwandelbarkeit zukommt, welche dasjenige haben muss, was Gegenstand des Wissens sein soll". „Dann aber", schliesst Z. (S. 312), „lässt sich der Folgerung nicht ausweichen, dass ihm im Vergleich mit dem sinnlichen Einzelding auch die höhere Wirklichkeit zukommen müsste. Und wir werden ja auch finden, dass jenes nur durch die Verbindung der Form mit dem Stoffe entstehen soll. Wie aber dem, was aus Form und Stoff, aus Wirklichem und aus blos Möglichem zusammengesetzt ist, eine höhere und ursprünglichere Realität zukommen könnte, als der reinen Form, wie diese in den allgemeinen Begriffen erkannt wird, dem Wirklichen, das durch kein

blos Mögliches beschränkt ist, lässt sich nicht absehen. Es bleibt daher schlieslich doch nur übrig, an diesem Punkte nicht blos eine Lücke, sondern einen höchst eingreifenden Widerspruch im System des Philosophen anzuerkennen". . Darauf ist indess zu erwidern, dass solcher Widerspruch nur von Z. in das System des Philosophen hineingetragen wird. Aristoteles sagt allerdings, worauf Z. verweist, dass unser Wissen von der sinnlichen Wahrnehmung des Einzelnen als dem für uns zunächst Gewisseren ausgehe, um sich dann zu erheben von der sinnlichen Erscheinung zum Wesen, von den Wirkungen zu den Principien als dem Allgemeinen, das an sich das Erste und, weil unwandelbar, seiner Natur nach erkennbarer sei als die sinnliche Einzelheit mit ihrer unendlichen Zufälligkeit. Daraus folgt aber keineswegs, was Z. folgert, dass nämlich dem Allgemeinen als solchem (vor und über dem Einzelnen) Realität zukommen müsste; vielmehr hat das Allgemeine nach Aristoteles Realität nur in der Einzelheit, die aber für das zu seinem Ziel gelangte Wissen nicht mehr eine blos sinnlich angeschaute, sondern eine in ihrem allgemeinen, d. h. ihr mit allen Einzelheiten ihrer Art gemeinsamen Wesen begriffene, in ihrer specifischen Natur, in ihrer Begriffsbestimmtheit erfasste ist. Dem Allgemeinen in den Einzeldingen kommt in Vergleich mit den sinnlichen Zufälligkeiten eben dieser Einzeldinge die höhere Wirklichkeit zu, nicht aber einem Allgemeinen als Allgemeinem, nicht der „reinen Form, wie diese in den allgemeinen Begriffen erkannt wird". Diese Form ($\varepsilon\tilde{\iota}\delta o\varsigma$, species), wie sie im Wissen ist, wie wir sie als accidentelle Bestimmung unseres Geistes denkend aktualisiren, sie ist objektiv, wie die oben aus Metaph. XIII, 10 angeführte, ex professo die Aristotelische Lösung unserer Aporie gebende Stelle zeigt, ein „$\dot{\alpha}\acute{o}\varrho\iota\sigma\tau o\nu$", ein Unbestimmtes, das seine Bestimmtheit und Wirklichkeit nur in den Einzelexistenzen hat. Wenn Z., um seiner vermeintlich unausweichlichen Folgerung mehr Nachdruck zu geben, zuletzt noch, seine Confusionen bezüglich des Verhältnisses von Stoff und Form anticipirend, auf die Entstehungsweise und Zusammengesetztheit der sinnlichen Einzeldinge hinweist, so sei hier nur so viel bemerkt, dass 1) in der That Aristoteles in dem sinnlichen Einzelding, und nur in ihm die Realität der Form sieht, freilich nicht, sofern es sinnlich, sondern sofern es specifisch (begrifflich) bestimmt ist; und dass 2) das Allgemeine als Allgemeines, die „reine Form, wie sie in den allgemeinen Begriffen erkannt wird", unmöglich durch ihre Verbindung mit dem Stoffe als einem bloss Möglichen die Realität der Einzeldinge hervorbringen kann nach Aristoteles, da ihm, wie gezeigt, dieses Allgemeine, in Abstraktion von dem Einzelnen für sich gedacht, kein Wirkliches, sondern ein „Unbestimmtes", bloss Mögliches ist, zwei Möglichkeiten aber unmöglich die ausreichenden Coëfficienten der Wirklichkeit zu sein vermögen. Das Allgemeine im Sinne der Platonischen Ideen perhorrescirt Aristoteles, er lässt nur ein Allgemeines gelten, das Dasein hat in dem Vielen. Dieses Allgemeine, als das den vielen Einzeldingen Gemeinsame, als das über die Zufälligkeit der sinnlichen Erscheinung Erhabene in ihnen begreift er als die nothwendige Bedingung des Wissens. Wenn dieses Allgemeine in den Dingen ihre specifische Bestimmtheit nicht wäre, so gäbe es kein Wissen, sondern lediglich ein nichts begreifendes Angaffen und Beschnüffeln von — immer wieder andern Einzelheiten. ——

3. Es raschelt im Gesträuch: was wird herauskommen aus dem Busch? Sieh' da, mein hier aktuelles, als solches (zeitlich, durch objektive Veranlassung, unter diesen Umständen) bestimmtes und auf etwas Bestimmtes gehendes Erkennen erkennt in dem Herauskommenden einen Menschen, einen bestimmten, diesen. Dieses aktuelle Erkennen und Wissen setzt aber das potenzielle, das den Begriff (des Menschen) als solchen in seiner Allgemeinheit zum Gegenstande hat, voraus, und ist accidentell, implicite dieses in jenem mit gegeben. Indem ich dieses Individuum als Menschen denke, denke ich seine specifische Bestimmtheit, d. i. den Begriff des Menschen mit, der als Residuum früherer Erkenntnissbethätigung in meinem habituellen Wissen steht und ganz allgemein und unbestimmt den Menschen überhaupt zum Gegenstande hat, nicht diesen oder jenen bestimmten, wirklichen Menschen, mit der Voraussetzung jedoch, dass der so begrifflich erfasste allgemeine Mensch Substanzialität nur hat in den x = vielen individuell existirenden Menschen. Ganz abgesehen übrigens von dem habituellen Wissen allgemeiner

Begriffe kann auch das aktuelle Sichbewegen des Wissens in der Begriffsallgemeinheit (ohne direkte Beziehung auf eine gegebene [individuelle] Substanzialität), weil nur in der Möglichkeit, dem Stoff (ὕλη) gleichsam der Wirklichkeit versirend, ein „potentielles Wissen" genannt werden, im Unterschiede nämlich von dem gegebenen Falls auf die aktuelle Existenz des begrifflichen Inhalts gehenden „aktuellen Wissen", und Aristoteles thut das vielleicht an der oben aus Metaph. XIII, 10 angeführten Stelle. —Hiemit kann wohl, wie die Aristotelische Lösung der „schwierigsten" der Aporien, so auch diese nebenbei gemachte Unterscheidung eines potenziellen und aktuellen Wissens als klargelegt gelten.

II.

Die Form und der Stoff, das Wirkliche und das Mögliche.

1. Die Aristotelische Verhältnissbestimmung des Allgemeinen und Einzelnen in Rücksicht auf Erkennbarkeit und Substanzialität, diesen ersten Hauptpunkt der Metaphysik, hat, wie man sieht, Z. total missverstanden. Wo möglich noch mehr missversteht er das Verhältniss der Form und des Stoffes, den zweiten metaphysischen Hauptgegenstand. Hier handelt es sich um das sog. principium individuationis, d. h. um die Frage, was eigentlich die körperlichen, mit einem Stoff behafteten Wesen konstituire, was der Grund des Einzeldaseins und somit die ursprüngliche Substanz der Dinge sei. Da möchte nun Z. zunächst als Konsequenz Aristotelischer Aussprüche herausbringen, dass dieses Individuationsprincip, dieser Grund des Einzeldaseins, die Materie sei. „Die Form," sagt er (S. 340), „oder der Begriff ist immer ein Allgemeines . . .; zwischen den Einzelwesen, in welche die untersten Arten auseinander gehen, findet kein Art- oder Formunterschied mehr statt, sie können sich somit nur durch ihren Stoff von einander unterscheiden." Das ist dem Ausdruck nach alles Aristotelisch; der Sinn aber, den Z. hineinlegt, ist das gerade Gegentheil des Aristotelischen Gedankens. Den Gesichtspunkt

des Wissens und der Substanzialität mit einander confundirend will nämlich Z. finden, dass das Aristotelische System „für individuelle Formen der sinnlichen Dinge (vergl. übrigens unten Nr. 5) keinen Raum habe" (S. 341). Wie denn? Die μορφή ἐν τῷ αἰσθητῷ (Met. VII, 8, 1033, b, 5), dieses ὡς εἶδος ἢ οὐσία λεγόμενον sei nur die ungewordene Form, „welche erst in dem Gewordenen, d. h. im Stoffe dieses bestimmte Ding zu einem so und so bestimmten (das τόδε zu einem τοιόνδε) macht, selbst dagegen sich zu den Einzeldingen verhält, wie der Mensch zu Kallias oder Sokrates." Nur der Stoff ist Grund der Individualität: ἐν παντὶ τῷ γενομένῳ ὕλη ἔνεστι, καὶ ἔστι (und desshalb ist) τὸ μὲν τόδε τὸ δέ τόδε." — Das ist — ein Meisterstück von Confusion.

2. Allerdings sagt Aristoteles in dem citirten Kapitel der Metaphysik, dass das Werden eines Dings dessen Form als ungewordene voraussetze; er sagt aber in eben diesem Kapitel, und zwar mitten unter den von Z. gemachten Aushebungen auch, dass die Form (z. B. die Kugelform) in einem Andern (in einer ehernen Kugel) werde (ἐν ἄλλῳ γίγνεται: 1033, b, 7). Von dieser gewordenen Form hätten wir doch auch etwas hören wollen, wenn es auch schwierig scheinen mochte, sich das von Z. betonte „ungeworden" mit diesem „geworden" zusammenzureimen. Aristoteles gibt nun in unserm Kapitel, nur eine Zeile vor den Aushebungen Zellers, den Grund an, warum, wenn etwas werde, seine Form nicht erst werden könne, vielmehr als bereits seiende, als unmittelbar gegebene vorausgesetzt werden müsse. Es würde nämlich, meint er, wenn die Form des zu Machenden erst gemacht werden müsste, der Process des Machens und Werdens ins Unendliche gehen (βαδιοῦνται αἱ γενέσεις εἰς ἄπειρον). Das Entstehen einer ehernen Kugel setzt das Erz einer- und den Begriff der Kugel andrerseits voraus; ebenso setzt das Entstehen eines Menschen den Menschen nach Materie und Form voraus. Wenn ein Mensch wird, wird die Form des Menschen in ihm; diese Form könnte aber in ihm nicht werden, es könnte dieser Mensch nicht entstehen, wenn die Form nicht bereits vorhanden, also wenigstens in Bezug auf sein Werden ungeworden wäre; man müsste sie sonst erst aus einer Materie und einer Form

2*

machen, diese Form wieder aus einer andern u. s. f. ins Unendliche, man würde damit nicht fertig, käme also nicht zum Hervorbringen dieses Menschen. Die für die Entstehung dieses Menschen vorausgesetzte Form nun hat Wirklichkeit in seinem Erzeuger. Wie es keine Kugel = an sich gibt neben den in irgend einem Material verwirklichten einzelnen Kugeln, so gibt es auch, führt Aristoteles im zweiten Theil unseres Kapitels aus, keinen Menschen = an sich im Sinne der Platonischen Idee. In ihrer Allgemeinheit gefasst sind die Formen der Dinge blosse Gedanken nach Aristoteles, keine Realitäten. Wenn also Z. von der ungewordenen Form spricht, die sich „zu den Einzeldingen verhalte, wie der Mensch zu Kallias und Sokrates," und diese allgemeine Form als Wirklichkeit nimmt, so schlägt er dem Aristotelischen Sinn und Wortlaut, wie er in dem von ihm citirten Kapitel gegeben ist, direkt ins Gesicht. „Die Ideen", sagt da Aristoteles (gegen Ende), „sind als Ursache zur Erklärung des Entstehens der Dinge zu nichts nütze.... Ein Mensch erzeugt einen Menschen.... Man braucht also keine Idee als Vorbild zu erdichten, vielmehr reicht das Erzeugende hin, (ein Erzeugtes) hervorzubringen und die Form zu verursachen in der Materie (ἱκανὸν τὸ γεννῶν ποιῆσαι καὶ τοῦ εἴδους αἴτιον εἶναι ἕν τῇ ὕλῃ)." Der Mensch = an sich ist nach Aristoteles ein blosser Gedanke; Wirklichkeit hat die Form, i. e. die Seele des Menschen bloss in den existirenden einzelnen Menschen, in Kallias, Sokrates u. s. w., und in diesen ist diese Form geworden und ist in jedem Einzelnen die aparte, eigene Form dieses Einzelnen, die nur er, kein anderer hat, ist der Hauptkoëfficient, das mitconstituirende Hauptelement seiner Substanz und kann füglich seine Substanz genannt werden, wie Aristoteles Metaph. VII, 17 auseinandersetzt. Wenn daher Z. sagt: „Nur der Stoff ist Grund der Individualität: ἐν παντὶ τῷ γενομένῳ ὕλη ἔνεστι καὶ ἔστι (und desshalb ist) τὸ μὲν τόδε τὸ δὲ τόδε", so ist das nach allen Dimensionen falsch. Nicht der Stoff exclusiv ist Grund der Individualität, sondern ebenso die Form; „ἐν παντὶ τῷ γενομένῳ ὕλη ἔνεστι" heisst bloss: „in allem Gewordenen ist Materie enthalten", neben der Form nämlich; der letzte Satz aber heisst: „und es ist das eine diess, das andere diess", der eine Bestandtheil nämlich ist Materie, der andere Form, wie Aristoteles im unmittelbar Vorhergehenden selber interpretirt, wenn er sagt: δεήσει διαίρετον εἶναι ἀεὶ τὸ γιγνόμενον, καὶ εἶναι τὸ μὲν τόδε, τὸ δὲ τόδε. λέγω δ᾽ ὅτι τό μὲν ὕλην, τὸ δὲ εἶδος (das Werdende muss immer unterscheidbar sein, und es muss sein das eine dieses, das andere dieses; ich verstehe aber unter dem einen die Materie, unter dem andern die Form)".

3. Wenn wir nun aber mit Aristoteles sagen, dass die Form Realität nur in den Einzelexistenzen habe, und, auch wieder mit Aristoteles, in diesen Einzelexistenzen die Form geworden sein lassen, wird da nicht der Satz vom Nichtwerden der Form hinfällig? Keineswegs! Beim Werden jedes Einzelnen wurde die Form in ihm nicht so, dass sie überhaupt vorher nicht gewesen, indem Kallias wird, ist die menschliche Form schon wirklich in seinen Eltern. Mehr sagt Aristoteles zunächst nicht in unserm Kapitel, er kommt aber in andern Kapiteln, z. B. Metaph. VIII, 3 (Mitte), wo es heisst: die Form müsse nothwendiger Weise entweder ewig sein oder vergänglich ohne zu vergehen und werden ohne zu werden (ἀνάγκη δὲ ταύτην ἢ ἀίδιον εἶναι ἢ φθαρτὴν ἄνευ τοῦ φθείρεσθαι καὶ γεγονέναι ἄνευ τοῦ γίγνεσθαι), und ebendaselbst XII, 3 (am Anfang) auf unsere Frage zurück. An letzterer Stelle sagt er: „οὐ γίγνεται οὔτε ἡ ὕλη οὔτε τὸ εἶδος, λέγω δὲ τὰ ἔσχατα". Die Formen der Dinge sind — in ihrem Princip ungeworden; alles, was es gibt im Himmel und auf Erden, alle Momente der Wirklichkeit sind an sich, d. h. in ihrem Grunde ewig; aus nichts wird nichts. „Τὰ ἔσχατα" hat hier die Bedeutung des Letzten in der Analyse, das aber von sich aus das Erste ist, das ewig Unmittelbare, Ungewordene, die Urform. Wenn man der Wirklichkeit der Dinge denkend auf den Grund kommen will, so nützt ein Zurückgehen von Kallias auf dessen Eltern und von diesen auf deren Eltern u. s. f. nichts; dieser regressus in infinitum würde ad absurdum führen, auf den Unsinn nämlich, dass unendlich viele Generationen vor uns gewesen sein müssten und wir also gegenwärtig noch gar nicht existiren könnten. Die im absoluten Sinne ungewordene Form erkennt daher Aristoteles in seinem „πρῶτον κινοῦν πάντα", in seinem Gott, der ihm der ewig wirkliche Urheber und Träger aller Wirklichkeit ist. Die Aristotelische Lehre von der Form

der Dinge weist hier über sich hinaus zum Aristotelischen Gottes-
begriff, den aber, wie wir weiter unten sehen werden, Z. so wenig
versteht, wie die Aristotelische Lehre von der Form, deren „Nichtwerden" er „bedenklich" findet und es nur begriffe, wenn die
Formen des Gewordenen entweder „als Ideen für sich existirten"
oder „der Materie ursprünglich anhafteten" (S. 347 f.) — Voraussetzungen, die, wie er selber weiss, ganz und gar nicht die
des Aristoteles sind.

4. Statt, wie oben geschehen, unter Voraussetzung eines realen
Unterschieds von Materie und Form zu sagen: Materie und Form
seien der Grund der Individualität, die Form sei neben der Materie
der Hauptcoëfficient, mitconstituirendes Hauptelement seiner Substanz, könnte ebensogut ganz und gar im Sinne des Aristoteles
gesagt werden, der Grund der Individualität sei eine und dieselbe
Sache, und diese heisse Materie, soferne die betreffende Individualität noch nicht ist, aber daraus werden kann, in der verwirklichten Individualität aber heisse sie Form oder Wirklichkeit
(ἐνέργεια) — wobei selbstverständlich Momente, innerliche und
äusserliche, wesentliche und unwesentliche wie der Individualität,
so der Materie und Form zu unterscheiden wären. Aristoteles
ist nämlich zwar dem Sinne und Begriffe nach durchweg mit
sich in Uebereinstimmung, in Bezug auf den Ausdruck aber
keineswegs ängstlich. Wenn er oft, wie oben vorausgesetzt, das
Wort ὕλη im Sinne der στοιχεῖα, Elemente, nimmt, die der Erscheinung zu Grunde liegen, und die bleiben, resp. wieder in ihrer
Selbständigkeit, die sie in dem Dinge eingebüsst, hervortreten
nach Zerstörung des Dinges, resp. nach Austreibung der das
eigentliche Wesen des Dinges constituirenden Form: so nennt er
ein andermal alles zusammen Materie oder Möglichkeit, letzte
Möglichkeit (ἐσχάτη ὕλη), die dann durch die Verwirklichung in ihrer Totalität Form wird. Diese Abweichung im
Ausdruck ist indess hier von keinem Belang, und werden wir auf
die Frage nach der inhaltlichen Identität von Materie und Form,
die Z. durchaus nicht begreift, ohnehin beim dritten Hauptpunkt
der Metaphysik nochmal zurückkommen. Jedenfalls ist vorder-
hand so viel sicher, dass Z. Unrecht hat, wenn er meint, in der
Consequenz Aristotelischer Gedanken liege es, dass ausschliesslich

die Materie als Individuationsprincip bezeichnet werde und dass es individuelle Formen nicht gebe.

5. Bei dieser Leugnung der individuellen Form läuft freilich, ohne dass es Z. zu merken scheint, eine Confusion mit unter. Z. verwechselt nämlich diejenige individuelle Form (Wesensbestimmtheit), die diesen Menschen im Unterschiede von einer Gans, einem Hunde u. s. w. zu einem Menschen macht, mit derjenigen äusserlichen der Statur, Farbe der Haare u. s. w., die dieses Individuum sogleich als Aesop, als Sokrates oder als den bekannten grossen Staatsmann mit den drei Haaren erscheinen lässt. Die individuelle Form in diesem letztern Sinne ist nicht eine begriffliche Wesensbestimmtheit nach Aristoteles; sie gehört . der Materie (cf. oben, Nr. 4. und besonders unten, Nr. 7), der sinnlichen Aeusserlichkeit an und dem in ihr herrschenden Zufall und perpetuirlichen Wechsel, und gibt es von ihr keine Definition, sondern nur eine mehr oder weniger genaue Beschreibung. Individuelle Formen in diesem Sinne hat Aristoteles freilich nicht als das die Substanzialität und Persönlichkeit der Individuen Constituirende angesehen. Unter ihrer Voraussetzung wären auch die Dinge nach Aristoteles gar nicht mehr erkennbar. Die Formen (εἴδη), von denen er redet, gehen auf Artunterschiede, nicht auf die individuellen Eigenthümlichkeiten der Individuen der gleichen Art, wodurch diese sich äusserlich von einander unterscheiden. Dennoch ist die Form in jedem Individuum eine von den Formen der andern Individuen verschiedene, somit eine individuelle, die Form eben dieses Individuums; die Formen der verschiedenen Individuen derselben Art sind nämlich, wenn auch nicht der Art und dem Begriffe nach, so doch der Zahl nach von einander verschieden. Z. läugnet aber auch die Individualität der Form in diesem Sinne bei Aristoteles; die Form, meint er, ist bei Aristoteles „immer ein Allgemeines“, und daraus ergibt sich für ihn die Folgerung, dass die Einzelwesen derselben Art sich also nach Aristoteles nur noch durch ihren Stoff von einander unterscheiden könnten, dass im Stoffe auch „der Grund des substanziellen Seins liege“, die Materie also die ursprüngliche Substanz aller Dinge sei.

6. Zeller stellt übrigens diese Doktrin lediglich als eine von ihm aus (vermeintlichen) Aristotelischen Prämissen gezogene

Consequenz hin und weiss recht gut, dass nach Aristoteles gerade umgekehrt „nur der Form volle und ursprüngliche Wirklichkeit zukomme, der Stoff dagegen als solcher die blosse Möglichkeit desjenigen sei, dessen Wirklichkeit die Form ist"; ebenso weiss Z., dass Aristoteles „unzähligemale die Form ausdrücklich der Substanz gleichsetze" (S. 344). Diess begreift nun aber Z. nicht und — findet in dem, was Aristoteles von der Form, vom Stoffe, von der Substanz, vom Nichtgewordensein der Form sagt, eine Menge von Schwierigkeiten. Alle diese Schwierigkeiten aber hätten, meint er, wie die beim ersten metaphysischen Hauptpunkte, ihren Grund in dem missglückten Vereinigungsversuche verschiedenartiger Gesichtspunkte. „Einerseits", sagt Z. (S. 348), „hält er (Aristoteles) an dem sokratisch-platonischen Grundsatz fest, dass das wahre Wesen der Dinge nur in dem liege, was in ihrem Begriff gedacht wird; dieses ist aber immer ein Allgemeines. Andererseits erkennt er doch an, dass dieses Allgemeine nicht ausser den Einzelwesen da sei, und er erklärt daher diese für das Substanzielle. Wie aber beide Behauptungen zusammen bestehen können, diess weiss uns auch Aristoteles nicht zu sagen". Das heisst, wie wir gesehen haben, Aristoteles hat das wohl zu sagen gewusst; nur hat Z. das Gesagte nicht verstanden. Die Form, das was im Begriff der Dinge gedacht wird, ist allerdings immer ein Allgemeines, ein Allgemeines indess, das Dasein nur hat in den vielen Einzelnen; zwischen den Einzelwesen einer Art findet allerdings kein Art- oder Formunterschied mehr statt, die Form, die Wesensbestimmtheit aller einzelnen Menschen ist specifisch, der Art nach eine und dieselbe, der Zahl nach aber ist sie in ihnen vielheitlich; ein und dasselbe Allgemeine ist in jedem Einzelnen wirklich und nur in ihnen wirklich. Das Einzelne in seiner specifischen Bestimmtheit, das ist das Wirkliche, Substanzielle nach Aristoteles; in ihm nur sieht er die Realität des Allgemeinen, und abgesehen von seiner Realität in dem specifisch bestimmten Einzelnen ist ihm das Allgemeine ein Unbestimmtes, bloss Mögliches, keineswegs das Wirkliche, wofür es nach seiner Voraussetzung Plato fälschlich gehalten; als solches hat es bloss accidentelle Existenz in einer accidentellen Form unseres Geistes, in unserem Wissen.

7. Damit fallen aber all die Unbegreiflichkeiten hinweg, die Z in diese Partie der Aristotelischen Metaphysik hineinlegt (S. 347 f.). Die Form kann Substanz sein, da sie nur als Einzelnes (substanziell) existirt; wenn Aristoteles ferner die blosse Form das Wesen und die Substanz auch solcher Dinge nennt, die eine bestimmte stoffliche Zusammensetzung haben, so ist das cum grano salis zu nehmen: gewöhnlich sagt er, sie sei die Substanz nach dem Begriffe, die Substanz ohne Materie (οὐσία κατὰ τὸν λόγον, οὐσία ἄνευ ὕλης), oder auch: sie könne als Ursache davon, dass etwas das sei, was es ist, seine Substanz genannt werden; was Z. vom „eigenschafts- und bestimmungslosen Stoff" sagt, der „als bloss Potenzielles" Wirkungen hervorbringe, der „zugleich das unbestimmte Allgemeine und der Grund der individuellen Bestimmtheit sein soll" –– das ist blosse Phantasmagorie. Der Stoff als bloss Potenzielles bringt nach Aristoteles so wenig etwas hervor, dass es vielmehr nach ihm einen solchen für sich gar nicht gibt. Der Stoff, das Potenzielle hat nach Aristoteles Realität nur in der Form, in einem Wirklichen, aus dem ein anderes Wirkliches werden kann, mit Rücksicht auf welche Möglichkeit eben jenes der Stoff von diesem ist. Die Ueberführung des Potenziellen in Aktuelles, des Stoffes in durch irgend eine Daseinsform specifisch Bestimmtes setzt schon die Wirksamkeit der andern Seinsprincipien voraus. Die Materie (der Stoff) ist nach Aristoteles, wie auch Z. weiss (S. 344), das Nochnichtseiende, das erst die Form annehmen == werden muss; die Form aber ist die schaffende Macht, der schöpferische Begriff, wodurch die an sich mögliche Sache zur wirklichen wird; alle Bestimmtheit, alle Wirklichkeit kommt der Materie von der Form. Auch die individuelle Bestimmtheit im Sinne der körperlichen Eigenthümlichkeiten eines Individuums ist keineswegs das Werk eines eigenschafts- und bestimmungslosen Stoffes, wie Z. meint. Es gibt nach Aristoteles keine Bestimmtheit, bei der die Form nicht betheiligt wäre; Bestimmtheit und Form sind bei ihm tautologische Begriffe. Nur muss hier nach Massgabe der oben (Nr. 4) angedeuteten verschiedenen Ausdrucksweise unterschieden werden zwischen Form und Form. Im Unterschiede von der specifischen Form (innern Wesensbestimmtheit), die dieses Individuum

zu einem Exemplar seiner Gattung macht, wirft Aristoteles dessen ganze körperliche Formbestimmtheit in den Einen Topf der dem Zufall und beständiger Veränderung unterworfenen „Materie", was natürlich cum grano salis zu nehmen ist, da ja selbstverständlich auch die körperlichen, zum Theil auch nach dem Tode des Individuums, nach dem Verschwinden also seiner wesentlichen Form eine Zeit lang wenigstens noch bleibenden körperlichen Bestimmtheiten Formbestimmtheiten sind. — Ueber die Schwierigkeit, „sich die Formen des Gewordenen ungeworden zu denken", sind wir schon hinweggekommen (vgl. oben, Nr. 3), und wird sie uns später nochmal begegnen.

8. Mit Beziehung auf die von ihm entdeckten vermeintlichen Widersprüche sagt Z. (S. 348): „Wenn daher die Aristotelische Lehre über Stoff und Form, Einzelnes und Allgemeines, schon bei den griechischen Peripatetikern, in noch weit höherem Grad aber im Mittelalter, die verschiedensten Auslegungen erfahren und zu den entgegengesetztesten Behauptungen Veranlassung gegeben hat, so können wir uns darüber nicht wundern". Wir wundern uns wahrlich auch nicht! Die Schulgelehrsamkeit hat ja von jeher durch alle möglichen und unmöglichen Missverständnisse Verwirrung in gar alles, zumal in philosophische Materien gebracht. Und wenn auch nicht in Bezug auf die oben berührten metaphysischen Lehren des Aristoteles, so ist mir doch in Bezug auf seine Lehre vom *νοῦς* ein Beispiel von Missverständniss und Confusion schon im Alterthum bekannt, das den nachgewiesenen Missverständnissen und Confusionen Zeller's ebenbürtig zur Seite steht und von dem sogleich die Rede sein soll.

III.

Der *νοῦς* (die thätige und leidende Vernunft).

1. Für die Formel „Form und Materie" ist das Verhältniss von Seele und Leib, resp. von Geistseele (*ψυχὴ νοητική*, *νοῦς*) und Leib ein Beispiel. Indem wir, den letzten metaphysischen Hauptpunkt vorläufig auf der Seite lassend, der Aristotelischen Lehre

vom νοῦς nach Zeller's Darstellung (S. 567 ff.) uns zuwenden,
bemerke ich hier nur kurz, dass nach meiner Auffassung des
Aristoteles durchaus nicht im Ernste von zwei Nusen im Menschen
die Rede, dass vielmehr der irreführende Ausdruck in einem
ähnlichen Sinne zu nehmen ist, wie wenn wir, ohne hiebei an
zwei Geister zu denken, sagen wollten: „Aufgabe des denkenden
Geistes ist die Erfassung der Wahrheit, die Aufgabe des wollenden
die vernünftige Selbstbestimmung, das Gute"; der „νοῦς ποιητικός"
ist nach meiner Auffassung der Geist als thätiger, denkender,
der „νοῦς παθητικός" derselbe Geist als die der Wirklichkeit zu
Grunde liegenden Gedankenbestimmungen in sich aufnehmender,
durch sie bestimmt werdender, also leidender. Statt des hier
angedeuteten Sinnes der Aristotelischen Geisteslehre liest man
aber in dieselbe gewöhnlich einen Unsinn hinein. Schon im
Alterthum hat Themistius dieselbe so meisterlich missverstanden,
wie sie je in unseren späteren Tagen missverstanden werden kann.
Derselbe gibt in einem weitläufigen Excurs über diverse Nuse des
Aristoteles (und Theophrast), den νοῦς ποιητικός und den mit
diesem vereinigten νοῦς δυνάμει, wozu er noch einen andern, den
„νοῦς κοινός", entdeckt haben will, einen grossen Unsinn zum
Besten, den des Nähern zu reproduciren schon um desswillen sich
nicht verlohnt, weil Themistius am Ende — es ist rührend —
selbst gesteht, diesen Nusen keinen rechten Sinn und Geschmack
abgewinnen zu können, mit den Worten: „zu sagen, was die
Philosophen [mit den angeführten Aussprüchen] gemeint, das ist
Sache besonderer Musse und Geistesanstrengung (τὸ ἀποφαίνεσθαι
περὶ τοῦ δοκοῦντος τοῖς φιλοσόφοις ἰδίας καὶ σχολῆς ἐστι καὶ
φροντίδος)". Diese Methode, hinterdrein, wenn man einen Unsinn
in den Aristoteles hineingelesen, sich dann verwundert zu stellen,
Unbegreiflichkeiten und Widersprüche in seinen Philosophemen
zu finden und damit die eigene Gescheidheit nicht nur zu retten,
sondern erst recht glänzen zu lassen gegenüber dem tolles Zeug
lehrenden Aristoteles, die ist noch heute in frischer Kraft und
Uebung. Bezüglich des Themistius will ich nur noch anmerken,
dass derselbe zur glücklichen Entdeckung seines vermeintlichen
νοῦς κοινός bei Aristoteles offenbar durch eine missverstandene Stelle
der Aristotelischen Psychologie (I, 4. 408, b, 28 f.) gekommen

ist, in welcher Aristoteles von Bethätigungen, resp. Zuständen spricht, die nicht dem νοῦς an sich, sondern dem „κοινόν" (dem Gemeinsamen) angehören, d. h. der Einheit von Geist und Körper, dem σύνολον der Metaphysik: „οὐ γὰρ ἐκείνου ἦν, ἀλλὰ τοῦ κοινοῦ ὃ ἀπόλωλεν". Für dieses „κοινοῦ" supponirt Themistius schnell als Nominativ: κοινός und hat so glücklich einen Aristotelischen νοῦς κοινός, mit dem er den De an. III, 5 vorkommenden „νοῦς παθητικός" identificirt und in Folge davon diesen vom „νοῦς δυνάμει" desselben Kapitels unterscheidet, von dem er doch, wie ich Dr. Schaarschmidt gegenüber zeigte (vgl. oben, Vorrede S. 4 f.), nach dem Wortlaut dieses Kapitels nicht zu unterscheiden ist. —

2. Was nun Zeller betrifft, so ist dieser ganz derselben Ansicht wie ich, dass nämlich die Lehre des Aristoteles vom νοῦς, wie man sie gewöhnlich auffasst, eigentlich ein Unsinn sei, ein Conglomerat von Unmöglichkeiten und Widersprüchen; nichtsdestoweniger hält aber auch er an dieser gewöhnlichen Auffassung fest. Nach Aristoteles kommt der νοῦς von aussen in den Menschen, ist trennbar, d. h. kann nach dem Untergange des Leibes für sich fortexistiren, und hat körperliche Thätigkeit mit seiner reinen Selbstbethätigung, wozu er eines körperlichen Organs nicht bedarf, nichts zu thun. Wenn man diese Sätze in dem Sinne nimmt, dass das, was Aristoteles νοῦς oder ψυχὴ νοητική nennt, beim Werden des Menschen zu den untergeordneten Seelenstufen, zur ψυχὴ θρεπτική und ψυχὴ αἰσθητική (welche letztere auch zur ersteren in der Entwicklung des Lebendigen als ein „θειότερον" hinzukommt nach Aristoteles) als eine höhere Seelenstufe, als ein Göttliches (θεῖον) hinzukomme aus dem Princip aller Wirklichkeit, als eine höhere Setzung, Seinsmittheilung dieses Princips, in der sich dieses so mittheilt, wie es an und für sich ist, als Geist — so fallen all die Schwierigkeiten hinweg, die Z. an diesem ersten Punkte schon findet. Diese ψυχὴ νοητική kann schon mit den untergeordneten Seelenstufen zur Lebenseinheit zusammengehen; sie kommt in sie als deren höhere Wahrheit, ist in der Vereinigung mit ihnen nicht eine dritte Seele, sondern, wie diese selbst, lediglich ein Theil (μόριον) der Einen Seele (De an. III, 4, Anf.), der durch Denken und Wollen zu herrschen

bestimmte; und sie ist nach Aristoteles wirklich mit ihnen und damit auch mit dem Leibe verbunden, es ist ein unbegreiflicher Irrthum, wenn Z. diese Verbindung in Abrede stellt, die Bezeichnung „χωριστός“ (trennbar) von „χωρισθείς“ (getrennt) nicht unterscheidend, wie es doch Aristoteles ausdrücklich De an. III, 5 thut (wo er den νοῦς zunächst als χωριστός bezeichnet und vier Zeilen später so fortfährt: χωρισθείς δ' ἐστὶ μόνον τοῦθ' ὅπερ ἐστί = nach seiner Trennung ist er allein das, was er ist); und sie wirkt auf sie, wirkt in ihnen und bedarf bloss bei ihrer reinen Selbstbethätigung im reinen Denken keines körperlichen Organs, was Z. aus Missverstand verallgemeinert und den νοῦς eines körperlichen Organs überhaupt nicht bedürfen lässt; der νοῦς ist schon verbunden mit dem Körper, nur nicht ganz versenkt in ihn wie die Seele des Thiers, hat ein höheres Stübchen gleichsam, in welcher er alle Körperlichkeit überragt. — Wenn dann Z. aus ein paar Aristotelischen Stellen „eine (wenn auch unpersönliche) Präexistenz“ (S. 595) des νοῦς — nicht herausliest, wohl aber folgert, so könnte Aristoteles das Wo und Wie dieser Präexistenz nach allen seinen sonstigen Voraussetzungen nur in seinem ewigen Beweger, im göttlichen Geiste, der sich mittheilt, nicht neidisch ist nach ihm, sich gedacht haben. Die Zeller'sche Behauptung, dass der Gedanke an ein Hervorgehen des menschlichen Geistes aus Gott durch die Aristotelische Gotteslehre ausgeschlossen sei, beruht nur auf einem Missverständnisse eben dieser Gotteslehre, wie wir sehen werden. In dem Sinne, dass alles, was irgend einmal wird, principiell in Gott präexistirt hat, kann man diese von Z. betonte „unpersönliche“ Präexistenz gelten lassen; dass aber der νοῦς als menschlicher Geist neben Gott präexistire, ist gewiss nicht die Meinung des Aristoteles, nach welchem vielmehr, wie wir noch hören werden, Gott das „Alles Hervorbringende (κινοῦν πάντα)“ ist, zu welchem „Alles“ natürlich auch die Geister gehören, und der (Metaph. XII, 3. 1070, a, 21) ausdrücklich betont: die hervorbringenden Ursachen existirten vor dem Hervorgebrachten, die dem Begriff entsprechenden, d. h. also die Formen der Dinge (demnach also auch der νοῦς des Menschen) seien gleichzeitig mit den Dingen (also nicht präexisent).

3. Alle diese Schwierigkeiten beziehen sich auf den νοῦς

ποιητικός, da der νοῦς παθητικός — seinem Wesen nach gar kein νοῦς ist nach der Auffassung Zellers. Um so unbegreiflicher muss es dann freilich erscheinen, wenn dem thätigen Nus, wie Z. findet (S. 572), „alle Entwicklung, alle leidentlichen Zustände und mit diesen die Erinnerung und das Selbstbewusstsein" abgesprochen wird, wenn er am Ende gar „nicht in einem Theil der menschlichen Seele, sondern in dem göttlichen Geiste zu suchen"! Die leidentlichen Zustände und die Entwicklung sieht eben Aristoteles auf Seiten des leidenden Nus, der, weit entfernt seinem Wesen nach kein Nus zu sein, vielmehr als ein und desselben Nus receptive, bestimmbare Seite fungirt, dessen thätige, bestimmende Seite Aristoteles νοῦς ποιητικός nennt. — Dass dann dem thätigen Nus, also nach Z. dem Nus im eigentlichen Sinne überhaupt, auch die Erinnerung und das Selbstbewusstsein abgesprochen werde, begründet Z. durch Hinweisung auf De an. III, 5, resp. auf die Schlussworte dieses Kapitels, in welchen Aristoteles die Vergesslichkeit das „οὐ μνημονεύομεν" dadurch erklärt, dass der νοῦς ποιητικός ohne den νοῦς παθητικός nichts denkt — was, wie ich zeigte, nur sagen will, dass der Geist überhaupt nicht dächte, keinen Gedankeninhalt hätte, wenn er nicht auf dem Wege receptiven Verhaltens (als νοῦς παθητικός) dazu und damit zum inhaltsvollen Begriff seiner selbst gekommen wäre, und dass speciell die Spur solcher Gedanken, von denen es allein eine entsprechende Vorstellung und damit auch eine Erinnerung gibt, der Gedanken äusserer Wirklichkeit nämlich, im Geiste so zurücktreten, so sich verwischen kann, dass er, obwohl von sich aus, ohne äussere Veranlassung sich bethätigen („ἐνεργεῖν δι' ἑαυτοῦ") könnend, sie nicht mehr aktualisirt. Das Bewusstsein des eigenen Selbst aber und der Principien, die der Geist unmittelbar in sich erfasst, wovon es keine Vorstellung gibt und somit auch keine Erinnerung, dies Bewusstsein wird durch den angedeuteten Satz für den einmal zum Selbstbewusstsein gekommenen Geist keineswegs in Frage gestellt. Das kann man zugeben, dass Aristoteles auf Grund der Erfahrung des Zurückgehens psychischer Energien, insbesondere des Gedächtnisses im Alter De an. I, 4, 408, b, 20 ff. u. ibid. III, 5 (am Ende) sich sehr reservirt aussprechen zu wollen scheint über das Mass objektiven Bewusstseins, das sein unsterblicher νοῦς aus diesem Leben ins Jenseits hinüberzuretten bestimmt sei. Wovon er noch keine Erfahrung hatte, davon wollte eben Aristoteles nichts aussagen. „Wartet, bis ich diesen Uebergang durchgemacht, dann will ich euch von dort, wenn's angeht, schreiben!" — das ungefähr liegt in seinen Worten, dass die ganze Seele nicht wohl fortbestehen könne (πᾶσαν γὰρ ἀδύνατον ἴσως: Metaph. XII, 3, gegen Ende)", während er dies Fortbestehen vom νοῦς und seinem Denken entschieden behauptet, was nebenher auch Z. weiss (S. 604), es aber nicht zusammenreimen kann mit der Schlussstelle von De an. III, 5 — wie er sie deutet. — Dass gar der νοῦς ποιητικός nicht mit dem Denken der menschlichen Individuen zusammenfallen soll, folgt eben bloss aus Zeller's falscher Voraussetzung über das Verhältniss von „Stoff" und „Form". Den νοῦς nimmt er als das nicht Individuelle, als das Allgemeine im Menschen, das individuell nur werden könnte, wenn es in einen Menschenleib einzöge und sich desselben als seines Werkzeugs bediente, was aber beim Aristotelischen νοῦς nicht der Fall sei. Der νοῦς ist aber vielmehr, wie die Form überhaupt, etwas Individuelles, nicht ein Allgemeines, das erst durch seine Verbindung mit dem „Stoff" sich zu individualisiren hätte; und ebenso beruht es, worauf schon hingewiesen worden, auf einem Missverständnisse, wenn Z. meint, der νοῦς sei mit dem Körper nicht verbunden oder habe trotz seiner Verbindung mit demselben kein körperliches Organ. Der νοῦς ist nach Aristoteles mit der ψυχὴ θρεπτική und mit der ψυχὴ αἰσθητική eine substantielle Einheit. „Ein Einheitliches, Identisches (τὸ ἕν, τὸ αὐτό), meint Aristoteles De an. III, 2, 426, b, 19 ff., müsse es sein, was das Süsse und das Weisse [will sagen: die in das Bewusstsein eintretenden Unterschiede] als Unterschiede aussage und natürlich auch so denke und wahrnehme (ὡς λέγει, οὕτω καὶ νοεῖ καὶ αἰσθάνεται); andernfalls müsste ihre Verschiedenheit auch dann klar sein, wenn ich nur das eine wahrnähme, du das andere". Diese substanzielle Einheit der Seele ist auch vorausgesetzt, wenn Aristoteles De an. III, 4 init. den νοῦς als „den Theil (μόριον) der Seele" bezeichnet, „womit sie erkennt und denkt". Die andern Theile der in sich einheitlichen „ganzen Seele", von der die oben aus Metaph. XII, 3

angeführte Stelle spricht, sind eben die vegetative und die sensitive
Seele. Sind nun diese mit dem Körper verbunden nach Aristoteles,
woran niemand zweifeln kann, da des Körpers Existenz auf ihnen
beruht: so ist auch der mit ihnen eine substanzielle Einheit, die
eine „ganze Seele" bildende νοῦς durch dieselben mit dem Körper
verbunden und dient dieser durch ihre Vermittlung ihm als Organ.

4. „Um nichts geringer", sagt Z. (S. 575 ff.), „sind aber
auch die Schwierigkeiten, in die uns die Lehre von der leidenden
Vernunft verwickelt. . . . . Einerseits wird die leidende Vernunft
zum Nus, zu dem Geistigen im Menschen gerechnet . . . . andrerseits wird doch der leidenden Vernunft als solcher alles das abgesprochen, worin Aristoteles selbst die unterscheidende Eigen-
thümlichkeit der Vernunft erkennt. Wenn zuerst von dem Nus
ganz allgemein gesagt war, er unterliege keinem Entstehen und
Vergehen, keinem Leiden und keiner Veränderung, er sei vom
Körper getrennt und habe kein körperliches Organ, die Thätigkeit
des Leibes sei bei der seinigen nicht betheiligt, er komme von
aussen her in den Leib, entstehe nicht mit ihm und gehe nicht
mit ihm zu Grunde, so erfahren wir in der Folge, dass alles
dieses in Wahrheit nur von der thätigen Vernunft gilt, sie allein
körperfrei, leidenslos, ewig, unvergänglich u. s. f. ist. Mit welchem
Recht aber dann die leidende gleichfalls zum Nus gerechnet wird,
und wie zwei Naturen, deren Eigenschaften so unvereinbar sind,
wie leidentlich und leidensunfähig, veränderlich und unveränderlich,
vergänglich und unvergänglich, blosse Möglichkeit und unwandel-
bare Wirklichkeit — wie zwei Wesen oder Kräfte von so ent-
gegengesetzter Beschaffenheit Ein Wesen, Eine geistige Persönlichkeit bilden könnten, lässt sich nicht absehen". Das meinen
auch wir und fügen hinzu, dass, wenn anders Z. ihn richtig verstanden hat, Aristoteles in seiner Nuslehre den barsten Unsinn
zum Besten gegeben. — Genug von dieser unvernünftigen Ver-
nunftlehre; wenden wir uns zuletzt noch zur Betrachtung der Aristotelischen Gotteslehre nach Zeller'scher Auffassung derselben.

IV.

Die Aristotelische Gotteslehre.

1. „Die Bewegung und der ewige Beweger", mit diesem Begriffspaar hat es der dritte Theil der Aristotelischen Metaphysik nach Zeller'scher Darstellung zu thun. Es ist das die Aristotelische Gotteslehre. Hier bringt es Z. zuletzt (S. 384) glücklich dahin, sagen zu können: „Sie (die Formen der Dinge) sind ihm (dem Aristoteles) ein Gegebenes, wie ihm der Stoff ein Gegebenes ist, das er aus der Form oder der Gottheit abzuleiten keinen Versuch macht. Die Einheit des Systems freilich, das οὐκ ἀγαθὸν πολυκοιρανίη, ist damit mehr als nur in Frage gestellt".

2. Wie kommt aber Z. dazu, es besser wissen zu wollen als Aristoteles, was dieser gelehrt habe? ihm einen „dualistischen Theismus", resp. die Annahme einer Mehrheit von Principien zu unterschieben, während Aristoteles so entschieden der von ihm bekämpften Mehrheit von Principien die Einheit dessen entgegenstellt, was er als das Erste, das schlechthin Nothwendige, als das Princip im eigentlichen Sinne dieses Wortes, als die Gottheit bezeichnet? Eine über die Zeller'sche Auffassung des Aristoteles Licht verbreitende Stelle finden wir S. 175 f., wo Z. vom „metaphysischen Princip" des Aristoteles spricht. „Aristoteles", heisst es da, „verlangt statt des gegensätzlichen und ausschliessenden Verhältnisses, zu welchem die Unterscheidung des Begriffs und der Erscheinung bei Plato geführt hatte, ihre positive Beziehung auf einander, ihre gegenseitige Zusammengehörigkeit.... Aber sein System in dieser Richtung zu vollenden, verbietet dem Aristoteles jener begriffsphilosophische Dualismus, den er von Plato geerbt hat. So sehr er sich auch bemüht, Form und Stoff einander zu nähern, in letzter Beziehung bleiben es doch immer zwei Principien, von welchen sich weder eines aus dem andern, noch beide aus einem dritten ableiten lassen; und so vielfach sie in die endlichen Dinge verflochten sind, das Höchste von Allem ist doch bloss der reine, ausserweltliche, nur sich selbst denkende Geist, und das Höchste im Menschen die Vernunft, welche von aussen her in ihn eintritt und mit der individuellen Seite seines

Wesens nie wahrhaft zur Einheit zusammengeht. Die Aristotelische Philosophie ist insoferne zugleich die Vollendung und das Ende des sokratisch-platonischen Idealismus: jenes, weil sie der tiefste Versuch ist, ihn durch das ganze Gebiet des Wirklichen durchzuführen, die gesammte Erscheinungswelt vom Standpunkt der Idee aus zu erklären; dieses, weil sich in ihr die Unmöglichkeit herausstellt, den Begriff und die Erscheinung zu einer wirklichen Einheit zusammenzufassen, nachdem einmal in der Bestimmung der letzten Gründe ihr ursprünglicher Gegensatz ausgesprochen ist". Also die Einheit hat Aristoteles gewollt, hat sie aber unmöglich erreichen können, nachdem er einmal den Gegensatz zu einem ursprünglichen gemacht, den Dualismus als die Wahrheit festgesetzt hatte. Ein sonderbarer Kauz unter den Philosophen, dieser Zeller'sche Aristoteles! Aristoteles wird vielfach der Philosoph κατ' ἐξοχήν genannt; wenn aber Z. ihn richtig interpretirt, so müsste man von ihm sagen: er wäre ein Philosoph geblieben, wenn er lediglich seine Intention im Ganzen und Grossen angegeben und die Ausführung andern überlassen hätte; oder auch könnte man sagen: der Arme habe nicht gewusst, was er that, er habe etwas gewollt, was er nicht wollte.

3. Z. ist also der Voraussetzung, dass nach Aristoteles die „Materie" etwas neben der „Form" Gegebenes sei, dass diese Ausdrücke principiell verschiedene Sachen bezeichnen, „zwei Principien, von welchen sich weder eines aus dem andern, noch beide aus einem dritten ableiten lassen", während ich in „Des Aristoteles Erhabenheit etc." an der Hand der Aristotelischen Dialektik dieser Begriffe nachwies, dass die Aristotelische „Materie" etwas durchaus Relatives sei und dass sie der Form gegenüber keine Bestimmtheit, keine Wirklichkeit, kein Sein habe. Wo sagt denn aber Aristoteles etwas, was die Zeller'sche Deutung nothwendig machte? Allerdings ist Metaph. V, 28, gegen Ende zu lesen: Form und Materie seien verschieden der Gattung nach, hätten ein verschiedenes Substrat, liessen sich nicht in einander oder in eine gemeinschaftliche höhere Einheit auflösen, so wenig als die Kategorien. Was will aber das sagen? Auch Z. weiss, (S. 349), dass nach Aristoteles „der Stoff an sich, oder der Anlage nach, dasselbe sei, dessen Wirklichkeit die Form ist"; und

wenn er es nicht wüsste, Aristoteles sagt jedenfalls (Metaph. VIII, 6. am Ende): „Ἔστι δ' ἡ ἐσχάτη ὕλη καὶ ἡ μορφὴ ταὐτό· καὶ τὸ μὲν δυνάμει, τὸ δὲ ἐνεργείᾳ". Es verhält sich die Materie zur Form wie das Nochnichtseiende zum Seienden, das Unbestimmte zum Bestimmten, das Mögliche zum Wirklichen. Wie kann man bei etwas, was Aristoteles selbst als „ταὐτό" erklärt, einen dualistischen Riss, eine unüberbrückbare Kluft voraussetzen? Ausdrücklich betont Aristoteles einer gegentheiligen Auffassung gegenüber, dass es eines „die Einheit bewirkenden Begriffs" nicht bedürfe; Materie und Form seien unmittelbar, durch sich selbst eins. Die Materie ist nach ihm die Möglichkeit, die Form die Wirklichkeit derselben Sache, und das, was die Möglichkeit zur Wirklichkeit macht, das ist die Form; diese ist, abgesehen von ihrem Fürsichsein, relativ zunächst die Möglichkeit eines andern Synonymen (Namens- und Wesensgleichen): sie stösst sich von sich ab, verdoppelt sich und ist so von den zwei „Principien" dasjenige, von welchem sich das andere ableitet, resp. mit welchem das andere gegeben ist. So verhält sichs sachlich. Und doch sagt Aristoteles: Materie und Form liessen sich weder auf einander, noch auf eine höhere Einheit zurückführen. Was will er aber damit sagen? Metaph. V, 28 werden die verschiedenen Bedeutungen von γένος (Gattung) aufgezählt, zuletzt auch die Bedeutung dieses Wortes in Bezug auf Begriffsbestimmungen (ἐν τοῖς λόγοις), wo es die allgemeine Grundlage bedeute, die in der Definition eines Gattungsbegriffs zum Ausdruck kommt, und deren qualitative Besonderheiten ihre specifischen Differenzen heissen, die sich wieder auf sie als ihre Einheit, ihre Gattung zurückführen lassen. Was sich nicht zurückführen lasse auf eine solche Einheit, sei ein „anderes der Gattung nach". Und hier führt nun Aristoteles als Beispiele Form und Materie an und die verschiedenen Bedeutungen des Seienden, wie sie durch die Kategorien bezeichnet werden. Die eine der Kategorien gehe auf das substanzielle Sein, die andere auf dessen Qualität u. s. w. So Aristoteles am Ende von Metaph. V, 28. Diese Zusammenstellung mit den Kategorien zeigt handgreiflich, dass es sich an unserer Stelle nicht um die Reducirbarkeit von Sachen auf Sachen, sondern lediglich um die Reducirbarkeit von Begriffen als Begriffen auf einander handelt, und dass Aristoteles nach Aufzählung der Bedeutungen des Wortes γένος und Rekapitulation derselben am Schlusse des Kapitels nur für die letzte, die in Bezug auf Begriffsbestimmungen geltende Bedeutung Beispiele anführen will, für die er oben keine namhaft gemacht, während er bei den übrigen allen auf solche hingewiesen. Ὕλη und μορφή (Materie und Form, Potenzielles und Aktuelles), als diese Begriffe, bezeichnen eben auch nichts anderes als verschiedene Bedeutungen des Seins, wie dies am Anfang des 2. Kapitels des 6. Buches der Metaphysik speciell hervorgehoben ist, wo nach Aufzählung der verschiedenen Bedeutungen des Seins es zuletzt noch heisst: ἔτι παρὰ ταῦτα πάντα τὸ δυνάμει καὶ ἐνεργείᾳ (scil. ὄν); und wenn sie nicht unter den Kategorien aufgezählt werden, sondern neben denselben, so hat dies seinen Grund darin, dass ὕλη und μορφή (mögliches und wirkliches Sein) nicht bloss in Einem Sinne vorkommt, dass dieser Unterschied durch die Kategorien hindurchgeht, dass es eine substanzielle ὕλη gibt und eine der Ortsbewegung, eine quantitative und eine qualitative. Diese Aussageweisen des Seins nun, diese γένη τῆς κατηγορίας, das will Aristoteles sagen, lassen sich nicht weiter auf einander oder auf eine höhere Einheit reduciren, womit aber keineswegs gesagt ist, dass das durch sie Bezeichnete auf ebensoviele verschiedene reale Principien zurückweise. Wenn Z. dieses auf Grund der angeführten Stelle annimmt, so muss er natürlich das nämliche auch bei den Kategorien thun und er muss dann sagen, nach Aristoteles sei wie für das substanzielle Sein, so für das qualitative, für das Wo, für das Wann, kurz für das Sein nach allen Kategorien je ein Princip nothwendig, vielmehr aber für das Sein der einzelnen Kategorien immer zwei Principien, da in jeder Kategorie ὕλη und μορφή zu unterscheiden, so dass wir dann, 10 als die Anzahl der Kategorien vorausgesetzt, 20 Principien hätten, von denen zwei das substanzielle Sein, zwei das qualitative, zwei das quantitative Sein besorgen u. s. w.; kurz, wir bekämen so einen haarsträubenden Unsinn. Ehe er auf diesen eingeht, wird Z. doch gewiss zugestehen, dass, wenn Aristoteles Metaph. V, 28 ὕλη und μορφή als der Gattung nach verschieden und somit nicht auf einander oder eine höhere Einheit reducirbar erklärt, er dabei lediglich das logische Verhältniss von Art und

Gattung, in welchem Begriffe zu einander stehen, im Auge hat,
dies, dass Zwetschgenbaum und Apfelbaum sich auf die höhere
Einheit Obstbaum, Obstbaum und Fichte auf die Einheit Baum
reduciren lasse, dass dagegen diese logische Operation bei den
Begriffen ὕλη und μορφή als verschiedenen Aussageweisen des
Seins ihr Ende hat, wie sich ebensowenig die Substanzialität, die
Quantität, das Wo u. s. w. des Seins auf eine sie zusammenfassende Gattung der Aussage (Kategorie) zurückführen lassen.
Das ist eine Zwetschge, ist blau, ist so und so gross u. s. w.
Die Zwetschge ist Substanz, nicht so die Blauheit, die Quantität.
Ebenso ist die Quantität als solche nicht blau und die Blauheit,
wenn auch nur an quantitativem Sein existirend, dennoch nicht
als solche Quantität. Nur diese Aussageweisen des Seins sind
nicht reducirbar auf einander; das in ihnen ausgesagte Sein selbst
ist unum idemque, die Substanz ist die „Eine Einheit und die
Eine lebendige Wirklichkeit" (ἓν καὶ μία φύσις: Metaph IV, 2,
am Anfang), worauf sich die andern Kategorien beziehen, ihr
Träger, in Beziehung auf welchen sie, obwohl keine selbständigen,
für sich seienden Realitäten, sondern nur modi des substanziellen
Seins, ihre Benennung als Sein haben. Und ebenso sind ὕλη und
μορφή, das Sein in Möglichkeit und das Sein in Wirklichkeit,
neben einander stehende, einander ausschliessende begriffliche Gattungen, nicht reducirbar auf einander, auch — abgesehen von
dem abstrakten logischen Sein, das nach Aristoteles kein γένος
ist — keine höhere, sie einschliessende Einheit über sich habend:
sachlich aber liegen sie als metaphysische Principien (Elemente)
in einander, eine Möglichkeit gibt es nicht ohne Wirklichkeit, in
der Wirklichkeit liegt die Möglichkeit und wird diese zur Wirklichkeit dadurch, dass die Wirklichkeit, die Form sich von sich
abstösst, ein Wirkliches einer gewissen Gattung ein Wirkliches
eben dieser Gattung hervorbringt. So meint es Aristoteles und
kann also von einem Dualismus von Form und Materie bei ihm
keine Rede sein.

4. Mit dem vermeintlich von Aristoteles vorausgesetzten
„ursprünglichen Gegensatz" von Materie und Form, der den
Aristoteles nicht hinankommen lassen sollte zu der von ihm intendirten Einheit, wäre jedenfalls eine Hauptschranke gefallen,

die Z. nicht hinübergelangen liess zu der die scheinbaren Widersprüche übergreifenden Aristotelischen Anschauung, zur Erfassung
der Aristotelischen Gotteslehre als einer mit sich übereinstimmenden
und vernünftigen. Es ist indess hier für Z. der „von Plato ererbte
begriffsphilosophische Dualismus" des Aristoteles nicht das einzige
Hinderniss. Wenn man zunächst anführen wollte, dass Gott nach
Aristoteles das Alles bewegende Erste ist (τὸ πρῶτον κινοῦν
πάντα), dass er als dieses nach demselben Aristoteles das Alles
Hervorbringende ist (Metaph. XII, 10, gegen Ende: ἡμεῖς
(λέγομεν), ὡς τὸ κινοῦν ποιεῖ), dass er dies ist als der Endzweck
der Welt, der sich in seiner Weltbewegung absolut leicht thut,
sofern er nichts erst hervorbringen will, was er nicht principiell
schon ist, sondern an seinem Sein nur eine Vielheit von Seienden
Theil nehmen lassen, wobei Alles, was er zu gesondertem Fürsichsein entlässt, so angelegt ist, dass es bewusst oder unbewusst
ihm dient, ihm zustrebt als seinem Zweck: so wäre damit eine
Andeutung von dem gegeben, was Aristoteles gewollt und in
seiner Weise möglichst deutlich ausgesprochen hat — dabei sich
bewusst, dass seine Metaphysik, „wenn auch herausgegeben, doch
nicht herausgegeben". Da kommt nun Z. und mit ihm kommen
so und so viele andere und reiten auf gewissen Aristotelischen
Sätzen herum, die sie nicht cum grano salis nehmen, nicht im
Zusammenhang mit andern Aristotelischen Sätzen verstehen, ohne
zu bedenken, dass man mit Einem Worte, Einem Satze nicht
alles sagen kann. Da soll Gott jenseits der Welt nur dem Denken
seiner selbst obliegen, soll an dem Sein der Welt so wenig
schuld sein, als er sich darum bekümmere. Gleichwohl aber sei
Gott das erste Bewegende, sofern er nämlich das vollkommenste
Wesen ist und als solches das Begehrenswerthe, der Zweck der
Welt. So sollicitire er den Fixsternhimmel unmittelbar zu seiner
Bewegung und rufe durch diese mittelbar alle anderweitige Bewegung in der Welt hervor, ohne eine direkt auf diese gerichtete
Thätigkeit zu entwickeln. Letztere spreche Aristoteles Gott aus-
drücklich ab; für Gott gebe es nach ihm kein erst zu erreichendes
Ziel, kein πράττειν als Mittel zu einem von ihm selbst verschie-
denen Zweck, ebenso kein Setzen eines ihm äusserlichen Werkes,
kein ποιεῖν. Ebenso lehre Aristoteles ausdrücklich, dass die

einzige Thätigkeit Gottes, das Denken, nur Gott selbst zum Gegenstande habe, mit Ausschluss jedes weitern Inhalts auf die einsame Selbstbetrachtung beschränkt sei; jedes Denken eines anderweitigen Gegenstandes wäre Gottes unwürdig und würde seine Unveränderlichkeit aufheben.

5. Es soll natürlich nicht geläugnet werden, dass viele der hier angedeuteten Bestimmungen wirklich Aristotelische sind; aber sie erscheinen hier in einem falschen Lichte und die Total-auffassung des Aristoteles ist ein Zerrbild der wirklichen Aristotelischen Anschauung. Der Aristotelische Gott bewegt also nach dieser Voraussetzung nur als Zweckursache, durch sein blosses Dasein ruft er in der Sphäre des Fixsternhimmels ein Verlangen hervor, das diesen in Bewegung setzt, eine Bewegung, die ihrerseits das übrige bewegen soll. Diese Vorstellung, dass das Körperliche ein Verlangen nach dem Göttlichen habe, findet Z., nebenbei bemerkt, selber „so unklar, dass wir uns nur schwer in sie finden können" (S. 375); ebenso findet er die „Bewegung des übrigen" durch jene einfache Bewegung des Fixsternhimmels keineswegs begründet. Er betont darum, die bezüglichen Aristotelischen Worte für Ernst nehmend, dass Aristoteles für die Bewegung der Planetensphären eigene unbewegte Beweger angenommen Aber überhaupt für jede eigenthümliche Bewegung und alle besondern Eigenschaften der Dinge sind nach seiner Auffassung des Aristoteles besondere, nicht erst durch das erste Bewegende hervorgebrachte, Ursachen erforderlich. Aristoteles lässt uns nach Z. (S. 384) gänzlich im Unklaren darüber, wie das Verhältniss der besondern und individuellen Formen zur Gottheit positiv zu bestimmen sei. „Nach allem, was er sagt, können wir nur urtheilen, dass er beide neben einander gestellt habe, ohne das Dasein und die eigenthümlichen Bewegungen der endlichen Dinge aus der Einwirkung der Gottheit befriedigend zu erklären oder eine solche Erklärung auch nur zu versuchen". Dadurch ist freilich die Einheit des Systems, das οὐκ ἀγαθὸν πολυκοιρανίη, „mehr als in Frage gestellt", d. h. es wäre das der Fall, wenn die Zeller'sche Auffassung richtig wäre, wenn diese nicht durch das, was Aristoteles wirklich sagt, „mehr als in Frage gestellt" wäre. Gott als Beweger des Fixsternhimmels,

die circa 55 Beweger der Planetensphären, dann die besondern und individuellen Ursachen für die eigenthümlichen Bewegungen und Eigenschaften der Dinge, die Formen, welche in den endlichen Dingen als schaffende Kräfte thätig sind, wozu natürlich noch der Stoff kommt: wenn das nach Aristoteles lauter auf sich stehende, ursprüngliche Dinge sein sollen, wären denn da die Worte seiner Metaph. XII, 10 an seinen Vorgängern geübten Kritik, namentlich aber das, was er gegen Ende des Kapitels von Philosophen sagt, die immer wieder eine weitere Substanz und für jede immer wieder andere Principien annehmen und damit den innern Zusammenhang in dem Wesen des Weltalls auflösen, und die viele Principien ($\alpha \varrho \chi \acute{\alpha} \varsigma$) aufstellen, während doch das Seiende eine gute Verfassung wolle, nimmer Vielherrschaft, sondern nur der Eine Herrscher tauge — wäre denn das dann nicht die bitterste Ironie auf des Aristoteles eigene Lehre?

6. Z. citirt (S. 378) für die Nothwendigkeit der Annahme ewiger Beweger der Planetensphären neben Gott und gleichfalls von Gott nicht hervorgebrachter besonderer Ursachen für die Bewegungen und Eigenschaften der endlichen Dinge Metaph. XII, 6. 1072, a, 9: „Wenn die Gleichmässigkeit des Weltlaufs möglich sein soll, so muss immer etwas beharren, welches in gleicher Weise aktuell ist ($\mathring{\varepsilon} \nu \varepsilon \varrho \gamma o \tilde{\upsilon} \nu \, \mathring{\alpha} \lambda \lambda \omega \varsigma \, \varkappa \alpha \mathring{\iota} \, \mathring{\alpha} \lambda \lambda \omega \varsigma$)". Damit ist allerdings gesagt, dass ausser Gott und dem durch Gott bewirkten Umschwung des Fixsternhimmels noch etwas anderes sein müsse. Ob sich aber Aristoteles dieses andere als unabhängig von Gott für sich daseiend vorgestellt, ist damit noch nicht gesagt. In den sich unmittelbar an die von Z. citirten anschliessenden Worten aber hat Aristoteles sich über das Verhältniss ausgesprochen, in welchem wir uns diese besondern, das Werden und Vergehen bedingenden Ursachen zum ersten Bewegenden, zur Gottheit zu denken haben. „Dieses andere", heisst es da, „muss nothwendiger Weise einestheils gemäss seiner eigenen Natur wirken, anderntheils nach Massgabe eines andern. Also entweder nach Massgabe des Ersten oder eines andern? Nothwendiger Weise nach Massgabe des Ersten; denn dieses ist seinerseits Ursache sich selbst und jenem ($\mathring{A} \nu \acute{\alpha} \gamma \varkappa \eta \, \mathring{\alpha} \varrho \alpha \, \mathring{\omega} \delta \mathring{\iota} \, \mu \mathring{\varepsilon} \nu \, \varkappa \alpha \vartheta' \, \alpha \mathring{\upsilon} \tau \grave{o} \, \mathring{\varepsilon} \nu \varepsilon \varrho \gamma \varepsilon \tilde{\iota} \nu$, $\mathring{\omega} \delta \mathring{\iota} \, \delta \mathring{\varepsilon} \, \varkappa \alpha \tau' \, \mathring{\alpha} \lambda \lambda o. \, \, \mathring{H} \tau o \iota \, \mathring{\alpha} \varrho \alpha \, \varkappa \alpha \vartheta' \, \mathring{\varepsilon} \tau \varepsilon \varrho o \nu \, \mathring{\eta} \, \varkappa \alpha \tau \grave{\alpha} \, \tau \grave{o} \, \pi \varrho \tilde{\omega} \tau o \nu$.

Ἀνάγκη δὴ κατὰ τοῦτο· πάλιν γὰρ ἐκεῖνο αὐτῷ τε αἴτιον κἀκείνῳ)".
Das Erste ist also für das den Wechsel bedingende „Andere"
Ursache des Wirkens: was hindert, dass es dafür auch die Ursache
des Seins sei, so dass dann Gott selbst hinter „den himmlischen
Sphären und den sie bewegenden und beseelenden Geistern"
steckte? Doch — „Geschöpfe der Gottheit können sie nicht
sein!" — so ruft uns Z. (S. 379) zu, und indem er auf Brentano
(„Psychol. des Aristoteles") hinweist, der sie dafür halte, meint er,
dass ich „hierin noch weiter gehe". „Ihm (Bullinger) zufolge",
sagt Z., liesse Aristoteles nicht allein die ganze Welt, sondern
auch schon ihren Stoff durch eine göttliche Schöpferthätigkeit
entstehen, „die Materie, aus der Gott die Welt schafft", wäre
nach Aristoteles nichts anderes, „als die in Gott ewig wirkliche
Kraft und Macht der Verwirklichung der Welt" u. s. f. (S. 15.)
Dass dem Philosophen damit Spekulationen untergeschoben werden,
die seinem Gedankenkreis ebenso fremd sind, wie seinen bestimmten Erklärungen, wird aus meiner ganzen Darstellung zur
Genüge hervorgehen; es an B.'s Schrift specieller nachzuweisen,
scheint mir nicht nöthig".

7. Auf diese Bemerkungen Z.'s diene zur Antwort, dass mir
aus seiner Darstellung vor allem das zur Genüge hervorgegangen,
dass er den Aristoteles gerade in den Hauptsachen total missverstanden und ihm das tollste Zeug, Unmöglichkeiten und Widersprüche in Hülle und Fülle untergeschoben; ebenso ist mir sodann
aus dem, was Z. gegen mich sagt, deutlich hervorgegangen, dass
er auch mich gründlich missverstanden. Ich soll also „hierin"
(im Geschaffenseinlassen durch Gott) noch weiter gehen. Wie
denn? Die unbewegten Beweger der Planetensphären, sie hat
nach meiner Voraussetzung Gott nicht geschaffen; sie existiren
ja nach derselben gar nicht. Und dass es mir gar nicht einfallen
konnte, „schon den Stoff der Welt" geschaffen sein zu lassen,
dafür sind die von Z. citirten Worte, in welchen ich die Materie,
aus der Gott die Welt schaffe, „als die in Gott ewig wirkliche
Kraft und Macht der Verwirklichung der Welt" definire, ein
eklatanter Beweis. Was in Gott „ewig wirklich" ist, kann doch
Gott nicht erst schaffen! Die Materie hat nach Aristoteles, wie
ich in meiner Schrift gezeigt habe, nur ein relatives Sein, eine

für sich existirende Materie, einen absolut formlosen Stoff gibt es nicht. Die Materie oder die Möglichkeit eines zukünftigen Dinges hat Realität nur in einem bereits existirenden Dinge, in einem durch seine Form bestimmten Wirklichen oder in deren mehreren: das bereits existirende ist relativ die Möglichkeit, die Materie des zukünftigen, soferne dieses aus jenem werden kann. Nicht also die Materie, wohl aber die Welt lasse ich (mit Aristoteles) geschaffen sein von Gott; und zwar ist mir das Schaffen ein Bestimmen dessen, was in Gott Gott ist, als Welt, eine Mittheilung des Seins Gottes an etwas, das vorher nichts war, ein Sicherschliessen Gottes in der Welt. Als Drittes, Einheitliches zwischen Gott und Welt, als etwas, was in Gott Gott, in der Welt Welt ist, bestimme ich auch einmal (S. 44) die Materie. Sie kann ich also unmöglich geschaffen sein lassen, so wenig ich die Form geschaffen sein, resp. als etwas in keiner Weise vorher Gewesenes (absolut) werden lasse, vielmehr in der Schöpfung nur die absolute göttliche Lebensform in ihr aufgehobene Momente zu gesondertem Fürsichsein entlassen sehe.

8. Nur „die ganze Welt" also, nicht auch schon ihren Stoff lasse ich erschaffen sein durch den Aristotelischen Gott, ohne hiebei im geringsten etwas zu „unterschieben". Gott ist schon Schöpfer nach Aristoteles. Dass es „dieser Vorstellung in den Schriften und dem Systeme des Philosophen an jedem Anhaltspunkte fehlen" soll (nach Z. S. 379), daran ist nur so viel wahr, dass die deutschen Ausdrücke „Schaffen, Schöpfung" nicht vorkommen bei Aristoteles; die sich mit ihnen absolut deckenden griechischen Ausdrücke aber sind Hauptbegriffe in seinem System. „Das Bewegende ($\tau\grave{o}$ $\varkappa\iota\nu o\tilde{v}\nu$)", sagt Aristoteles — es ist von seinem Einen Princip, von $\varepsilon\tilde{\iota}\varsigma$ $\varkappa o\acute{\iota}\varrho\alpha\nu o\varsigma$ die Rede, Metaph. XII. 10, gegen Ende — „macht ($\pi o\iota e\tilde{\iota}$)", d. h. schafft, setzt das Sein, bringt die Welt hervor. Nur so, meint er dort, erkläre sich die Einheit von Seele und Leib und überhaupt von Form und Materie. Das Bewegende nämlich bewegt aus der Möglichkeit in die Wirklichkeit, verwirklicht die in ihm gegebene Möglichkeit eines Andern (vgl. die Parallelstelle Metaph. VIII, 6, am Ende), d. h. es setzt die Substanz, die, wie es Metaph. XII, 3 (am Anfang) heisst, immer aus einem mit ihr Namens- und Wesensgleichen

(ἐκ συνωνύμου) wird (γίγνεται: was bekanntlich das Passiv zu
„ποιεῖ" ist!), durch dessen hervorbringende, erzeugende Thätigkeit,
wie z. B. (Ende desselben Kapitels) „der Mensch einen Menschen
erzeugt". In diesem ganzen Kapitel ist, wie an den aus Metaph.
XII, 10 und ibid. VIII, 6 angeführten Stellen, von der Setzung,
dem Werden des substanziellen Seins die Rede; ebenso am Ende
des folgenden Kapitels (Metaph. XII, 4), wo wieder als Beispiel
für das sich selbst, d. h. ein ihm namens- und wesensgleiches
Anderes hervorbringende κινοῦν der Mensch angeführt wird, der
einen Menschen erzeuge, worauf dann Aristoteles hinzufügt: „Sodann ausser diesen [vielen endlichen Bewegern, Hervorbringern,
Erzeugern] ein, als das Erste von Allem, Alles Bewegendes (ἔτι
παρὰ ταῦτα ὡς τὸ πρῶτον πάντων κινοῦν πάντα). D. h. also:
es kommt noch hinzu ein Alles Hervorbringendes, der
weltschöpferische Gott, der also keineswegs, wie Z. (S. 378) meint,
lediglich die zur Erklärung der Weltwirklichkeit durchaus unzu-
reichende einförmige Kreisbewegung des Fixsternhimmels hervorbringt. Die perpetuirliche, ewig gleichmässige Ortsbewegung
(φορά) des Himmels hat Aristoteles nur desswegen bei seinem
Gottesbeweise hervorgekehrt, weil sie als die „erste der Veränderungen" die Bedingung aller übrigen Veränderungen ist und
somit die Leidenlosigkeit und Unveränderlichkeit des sie ver-
ursachenden Gottes beweist, der über sie und damit über alle
Veränderlichkeit erhaben erscheint. Ist sie aber die „erste der
Veränderungen", die Bedingung aller übrigen Bewegungen und
Veränderungen, so können diese nicht ohne sie sein, können nur
in ihr mitgesetzt sein; sie wird also auch insofern beim Gottes-
beweis mit Recht hervorgehoben. Dass aber das „κινεῖν" des
κινοῦν πάντα im vollen Sinne dieses Wortes bei Aristoteles zu
verstehen ist, also auch im Sinne des Hervorbringens der Substanz, das ist eben aus anderweitigen Erörterungen des Aristoteles
zu entnehmen, und darf man bei keinem Schriftsteller den Sinn
einer Stelle ohne Rücksichtnahme auf einschlägige andere fixiren
wollen, wenn man es anders nicht darauf abgesehen hat, ihn falsch
zu verstehen und zu missdeuten.

9. Ueber die weltschöpferische Thätigkeit des Aristotelischen
Gottes und über die Bedeutung der von Aristoteles hinterher

hinzugefügten — modificirend ergänzenden, keineswegs aber den Begriff des Schaffens aufhebenden Bestimmung, dass Gott ohne bewegt zu werden bewege, dass er als Zweckursache bewege, dass er bewege als Geliebtes, Begehrtes (ὡς ἐρώμενον), weil als der Endzweck, der alles schon ist (nicht als ὀρεγόμενον, das erst etwas werden will und somit auch eine Bewegung erleidet) — darüber habe ich in „Des Aristoteles Erhabenheit etc." für jeden nicht ganz Voreingenommenen genug beigebracht. Auch das glaube ich dort sattsam gezeigt zu haben, dass der Schöpfungsbegriff des Aristoteles mit dem Aristotelischen: „Aus nichts wird nichts" keineswegs unverträglich, und ebensowenig mit dem Satze, dass es „ἐξωτερικὰς πράξεις" für Gott nicht gebe. Es handelt sich nicht um eine Weltschöpfung aus einem Gott von aussen gegebenen Stoffe, auch hat Gott in der Schöpfung keinen andern Zweck als sich selbst, das, was er ist und sein will, das „κινοῦν πάντα". Hätte Z. meine bezüglichen Auseinandersetzungen gelesen, so hätte er das Steckenpferd des πράττειν und ποιεῖν, das es für Gott nicht gebe, endlich einmal bei Seite gelegt. Muss doch auch er gestehen (S. 369), dass Aristoteles, eben an andern Stellen als den sonst citirten, Gott auch eine πρᾶξις zuschreibe im Unterschiede von der (im engern Sinne genommenen!) ποίησις, und sogar ein ποιεῖν, letzteres De gen. et corr. II, 10. 336, b, 31 (συνεπλήρωσε τὸ ὅλον ὁ ϑεὸς, ἐνδελεχῆ ποιήσας τὴν γένεσιν), zu welcher Stelle Z. (S. 370) bemerkt: „Θεός bezeichnet hier die in der Natur waltende göttliche Kraft, deren Verhältniss zum ersten Bewegenden allerdings, wie wir finden werden, unklar genug bleibt". Ebenso weiss Z. (S. 372), dass Aristoteles es anerkennt, dass die Welt das Werk der Vernunft sei, sowie dass er es an Anaxagoras gerühmt, dass derselbe den νοῦς zum „αἴτιος τοῦ κόσμου καὶ τῆς τάξεως πάσης" gemacht, und wer weiss, was Z. sonst noch alles weiss von wirklichen Aristotelischen Gedanken. Doch über all das, über diese — „Schwierigkeiten" der Aristotelischen Gotteslehre setzt sich Z. unbedenklich hinweg durch die Unterscheidung „populärer Ausdrucksweise" und „wissenschaftlicher Ansicht".

10. Zu den „wissenschaftlichen Ansichten" des Aristoteles gehört nun einmal nach der Voraussetzung Zeller's der „dualistische Theismus". Der Aristotelische Gott kann unmöglich

Schöpfer sein, da ihm als Thätigkeit nur das Denken zukommt,
und zwar ein Denken, das mit Ausschluss der Welt und jedes
andern Gegenstandes nur sich selbst zum Gegenstande hat, ein
„eintöniges" Denken des Denkens. So müssen dann freilich die
Ursachen des aussergöttlichen Seins, die Sphärengeister und die
mannigfachen Formen des natürlichen Erscheinungslebens neben
Gott gegeben sein, um mit der Zweckursächlichkeit Gottes, resp.
mit jener Sollicitation zur Thätigkeit, die sein blosses Dasein auf
sie ausübt, zur Effektuirung dieses Weltdaseins konkurriren zu
können. Wie aus diesem so sollicitirten Zusammenwirken der
vielen Ursächlichkeiten die Zweckmässigkeit der Natur sich erklären soll, das ist — man muss hier Z. Recht geben — allerdings „schwer zu sagen" (S. 388). Z. denkt aber nicht daran,
sich selbst bei der Nase zu nehmen: solchen Gallimathias hat
eben nach Z. der selige Aristoteles zum Besten gegeben — in
gewissen Stellen seiner Werke, in denen er seine „wissenschaft-
liche Ansicht" zum Ausdruck brachte und sich nicht, wie an andern
Stellen, „populärer Ausdrucksweise" bediente. Nun, wenn ich
einmal mehr als recht ist, nachgiebig, zugeben wollte, die eben
berührte Stelle aus Metaph. I, 3, an welcher Aristoteles die Aufstellung des Anaxagoras, dass der *νοῦς αἴτιος τοῦ κόσμου*, rühmend
anerkennt, sei nicht „wissenschaftlicher" Natur, Aristoteles be-
diene sich hier „populärer Ausdrucksweise": was sagt Z. zu der
Stelle Metaph. XII, 10. 1075, b, 8, in welcher Aristoteles gelegentlich einer Kritik der Principien seiner Vorgänger auf den
nämlichen Gegenstand zurückkommt und hier den Anaxagoras
kritisirend ihm seinen eigenen Standpunkt gegenüberstellt? „Anaxagoras", sagt da Aristoteles, „macht das Gute [d. h. den *νοῦς*,
den denkenden Geist] als Bewegendes zum Princip; der denkende
Geist nämlich bewegt, aber er bewegt um einer Sache willen.
So haben wir etwas anderes [als den Geist nämlich, der als das
Gute vorausgesetzt ist und nun etwas anderes, nicht das Gute,
nicht sich zum Zwecke seines Wirkens haben soll]. Einen Aus-
weg schafft nur unsere Lehre: die Heilkunst nämlich ist gewissermassen die Gesundheit (*Ἀναξαγόρας δὲ ὡς κινοῦν τὸ ἀγαθὸν
ἀρχήν* (sc. *ποιεῖ*). *Ὁ γὰρ νοῦς κινεῖ, ἀλλὰ κινεῖ ἕνεκά τινος.
Ὥστε ἕτερον· πλὴν ὡς ἡμεῖς λέγομεν. Ἡ γὰρ ἰατρική ἐστί πως*

ὑγίεια)." Das heisst also: dass das Gute, die Vernunft, der göttliche Geist die Welt bewege, ist richtig; der Fehler des Anaxagoras ist bloss der, dass er den Geist, der als das Gute doch der Zweck ist, etwas von ihm Verschiedenes bewegen, seinen Zweck ausser sich haben lässt: es ergiebt sich hier der Widerspruch, dass dieses andere, um desswillen der Geist bewegt, erst das Gute sein müsste, während das Höchste, der Zweck doch der denkende Geist sein sollte. Was nun Aristoteles diesem Dualismus und Widerspruch bei Anaxagoras entgegenstellt, das ist die den angedeuteten Widerspruch hebende Einheit des Princips. Das bewegende Princip und der Zweck, sagt Aristoteles, fallen in Gott zusammen. Wie die Heilkunst (die der Begriff der Gesundheit ist) in gewissem Sinne (πώς, sofern die Kunst zur Hervorbringung ihres Werkes gleichsam mit dem Stoffe als einer Mitursache konkurrirt, so nicht vollkommen synonym damit ist, cf. „Des Aristoteles Erhabenheit etc." S. 13) sich hervorbringt in der Gesundheit, so ist Gott in seiner Weltbewegung sich selber Zweck, strebt hiebei nicht über sich hinaus zu etwas anderm, bringt als das πρῶτον κινοῦν πάντα in der Welt nur sich selber hervor.

11. Aus dieser von Aristoteles an Anaxagoras geübten Kritik geht klar und deutlich hervor, dass und wie der Aristotelische Gott trotz des Grundsatzes: „Aus nichts wird nichts" und trotzdem nach Aristoteles Gott mit ihm Aeusserlichem es nicht zu thun haben kann, dennoch weltschöpferisch ist. Nicht aus etwas ihm äusserlich Gegebenem, sondern aus sich, aus seiner Kraft und Macht schafft Gott die Welt, und nicht wie ein Zimmermann schafft Gott die Welt als etwas ihm Aeusserliches, sondern als etwas, dem er selbst innerlich einwohnt, als die „Welt im Innern bewegend, sich in Natur, Natur in sich hegend". Und für diese Auffassung sprechen ausser der Betonung des Einen Princips (Metaph. XII, 10, am Ende) und ausser der besprochenen Auseinandersetzung mit Anaxagoras noch hundert anderweitige Stellen, insbesondere die oben (IV, Nr. 8) angeführten, und dagegen spricht gar nichts im ganzen Aristoteles, auch nicht die Stelle, die in erster Linie mit Z. so und so viele andere für die gegentheilige Auffassung des Aristoteles anführen, wonach der Aristotelische Gott jenseits der Welt einem „eintönigen" Denken des

Denkens obliegen, von der Welt nichts wissen und um sie sich nicht kümmern soll. Metaph. XII, 7. 1072, b, 3 übersetzt nämlich Z. (S. 373) so: „Die Zweckursache bewegt wie das Geliebte, und durch das (von ihr) Bewegte bewegt sie das übrige". Diese Uebersetzung ist aber wie grammatisch unzulässig, so dem Sinn des Aristoteles ganz und gar zuwider. Nach der Grammatik müsste es heissen: ὡς τὸ ἐρώμενον oder etwa: ὡς ἐρα'μενόν τι; „ὡς ἐρώμενον" kann nur gefasst werden als Prädikat zu dem hier in Rede stehenden „τὸ οὗ ἕνεκα". Was aber den Inhalt betrifft, so hatte Aristoteles im vorhergehenden Theil des Kapitels gezeigt, dass, wenn eine ewige Bewegung sei, diese in letzter Instanz ein unbewegt Bewegendes voraussetze, das, wie es am Ende des Kapitels heisst, „grösselos und von unendlicher Kraft". Nachdem er dann weiterhin per analogiam gezeigt, wie man sich das un- bewegte Bewegen vorstellen müsse und angedeutet, dass der ewige unbewegte Beweger seinem Wesen nach rein geistiger Natur, dass er im reinen Denken zu Hause sei, bemerkt er weiter: auch das „οὗ ἕνεκα", der Zweck sei im Unbewegten; es gebe nämlich einen doppelten Zweck, einen ewig seienden und einen (a priori noch) nicht seienden (sondern erst werden sollenden). Der Zweck nun bewegt (vollzieht die Weltbewegung, ist πρῶτον πάντων κινοῦν πάντα) als geliebt (κινεῖ δὲ ὡς ἐρώμενον), d. h. als ewig seiender Zweck, als an und für sich über alles Streben, über alles Bewegt = i. e. Verändertwerden erhabenes Ziel, dem man zustrebt, das man liebt; bewegt (werdend) bewegt er das übrige (κινούμενον τἆλλα κινεῖ), der Zweck nämlich als werdender und eben damit strebender (liebender); d. h. es ist die Vermittlung da, dass der ewig unbewegte, nicht strebende, wohl aber von dem werdenden erstrebte, geliebte Zweck (Gott), wenn auch in letzter Instanz alles seinen Grund in ihm hat, doch an und für sich von der Aeusserlichkeit und Zufälligkeit des weltlichen Seins, was als solches nicht Zweck, sondern nur Mittel ist, nicht be- rührt wird und doch die Welt ihren Lauf geht. Gott braucht also nicht äusserlich, mechanisch in Aeusserliches einzugreifen, kann das Kegelschieben, die Anfertigung statistischer Tabellen, das Korrigiren lateinischer Pensa u. s. w. dem „κινούμενον κινοῦν", dem werdenden „οὗ ἕνεκα" überlassen; die Hauptsache thut doch er, indem er durch sein Zuthun, dadurch, dass er „sich denkt“ als das, was er ist und sein will (das πρῶτον κινοῦν πάντα), so und so organisirte Menschen, Kameele u. s. w. wachsen lässt. Die Welt ist nach Aristoteles, um hier einige Sätze aus „Des Aristoteles Erhabenheit etc.“ anzuführen, gesetzt aus dem göttlichen Geiste als ihrem ersten Beweger. Dieser Process der Weltbewegung (Weltsetzung und Welterhaltung) ist vor Gott nichts anderes als ein reiner Denkprocess, das göttliche Denken, das nur sich selbst, nicht etwas von aussen Gegebenes, zum Gegenstande hat, ist das Princip aller Wirklichkeit; dieses Princip ist von unbegrenzter Kraft und erweist sich in seiner Dialektik (in der Welt) als eine Mannigfaltigkeit von gegenseitig sich abstossenden und bindenden Momenten der Einen Kraft, des in sich einheitlichen göttlichen Denkens, das Aristoteles als das Wesen des Knochens ebenso, wie als das des Geistes begreift, das also zu seiner Welthervorbringung keines ihm gegebenen Stoffes bedarf. Und bei diesem Processe hat Gott keine Mühe, da er der ewig fertige Endzweck desselben ist und hiebei inhaltlich der Wirklichkeit nie mehr wird, als in ihm von Ewigkeit war, nur die Anzahl der Theilnehmer an derselben sich vergrössert, der Theilnehmer an seinem ewigen geistigen Fürsichsein. Der göttliche Geist setzt in der Weltschöpfung die Formen des weltlichen Seins, entlässt aus sich, der absoluten Form, der Form der Formen, dieses bestimmte weltliche Sein zu gesondertem Dasein, so aber, dass er der Endzweck von allem bleibt, alles bewusst oder unbewusst ihm dient, ihm zustrebt, nach dem Gesetze einer allgemeinen Ordnung, der alles eingefügt ist (πρὸς μὲν γὰρ ἓν ἅπαντα συντέτακται), nach welcher nichts dem Processe sich entziehen kann, wodurch das eine aus dem andern wird (εἰς τὸ διακριθῆναι ἀνάγκη ἅπασιν ἐλθεῖν). Dieses Gesetz der allgemeinen Ordnung, es begreift sich aus dem göttlichen Denken. Dem aus des ersten Bewegers unendlicher Kraft gesetzten aussergöttlichen, d. h. von Gottes reinem Anundfürsichsein unterschiedenen weltlichen Sein ist es von seinem Ursprunge her angethan, dass es nach den von Gott intendirten Naturgesetzen sich bewegt. In Folge ihrer Qualitäts- und Quantitätsverhältnisse bewegen sich die Himmelskörper so, wie sie sich bewegen, und ist überhaupt alle mögliche endliche Bewegung in Natur und Geist in dieser ihrer Möglichkeit und Allgemeinheit vorhergesehen, so dass alle weltliche Existenz, wie sie sich nur bewegen kann vermöge der von Gott in sie gelegten Kräfte, sich auch nur bewegt innerhalb des Rahmens des göttlichen Weltplans, der Zufall und Willkür im Endlichen gewähren lässt, ohne im geringsten durch sie gestört zu werden. So braucht Gott nicht äusserlich einzugreifen ins Weltgetriebe und ist — kein vielbeschäftigter Gott.

12. Die im Voranstehenden angedeutete Weltbewegungs- i. e. Weltschöpfungslehre, wie sie Aristoteles in seiner Metaphysik deutlich genug ausgesprochen, sie steht auch nicht im Widerspruch mit der Weltbewegungslehre, wie wir sie in der Aristotelischen Physik finden. Beide fallen vielmehr zusammen; nur dass die Metaphysik ergänzende Auskunft über Fragen gibt, die nach den Bestimmungen der Physik offen geblieben zu sein schienen. Das sich selbst Bewegende, auf das jede Bewegung letztinstanzlich zurückführt, es könnte sich, sagt Aristoteles, nicht bewegen als theillos; zur Bewegung gehöre ein aktiv Bewegendes und ein passiv Bewegbares. Gott, wie er an und für sich ist, ist eben das „aktiv Bewegende", und das „passiv Bewegbare", es ist Setzung der „unendlichen Kraft" Gottes. Das aktiv bewegende Moment der immerwährenden und in ihrer Gesammtheit einheitlichen Weltbewegung muss als „untheilbar ($\dot{\alpha}\delta\iota\alpha\dot{\iota}\varrho\varepsilon\tau o\nu$), immateriell (grösselos, $\mu\dot{\varepsilon}\gamma\varepsilon\vartheta o\varsigma$ $o\dot{v}\varkappa$ $\dot{\varepsilon}\chi o\nu$) und jede Passivität von sich ausschliessend" gedacht werden. Gewiss, principiell aber nur, so wie es an und für sich ist. Getheilt wird Gott gewiss nicht von jemand ausser ihm; wenn er aber aus seiner unendlichen Kraft ein passiv Bewegbares setzt, so wird auch niemand etwas dagegen thun können. — Um endlich zwischen dem immateriellen Gott und der materiellen Welt die Möglichkeit einer lebendigen Einheit nicht ausgeschlossen zu wähnen, darf man eben nicht übersehen, dass nach der von mir nachgewiesenen Aristotelischen Dialektik der Begriffe von Form und Materie, es eine Materie an und für sich, in Abstraktion von der Form, nicht gibt, dass sie lediglich ein relatives Sein hat, sofern etwas, aus dem ein anderes werden kann, die Materie von jenem heisst. Vor Gott ist nur die Form, so und so bestimmte Wirklichkeit, und diese

4

Wirklichkeit ist von Gott „berührt." Dass „der göttliche Geist mit der Materie keine Gemeinschaft habe", diesen Satz könnte man sonach passiren lassen: was es nicht gibt, damit kann Gott keine Gemeinschaft haben. Es beruht aber diese Einwendung auf einem Missverständniss. Wenn Aristoteles von Gott jede Materie ausschliesst, sagt: „οὐκ ἔχει ὕλην τὸ πρῶτον", so setzt das keineswegs eine neben Gott existirende, für Gott vorfindliche Materie voraus, will vielmehr bloss sagen, dass Gott ewig wirklich sei und nicht erst aus der Möglichkeit (ὕλη) in die Wirklichkeit überzugehen brauche. — Diese eben gemachten, die Weltbewegungslehre der Aristotelischen Physik betreffenden Bemerkungen sind zunächst Siebeck gegenüber gemacht, der sich übrigens die Gotteslehre betreffend der Zeller'schen Auffassung des Aristoteles anschliesst und von Z. hinwiederum in den Resultaten seiner Untersuchung approbirt wird. —

13. Wir müssen auf Z. selbst nochmal zurückkommen. Die Aristotelische Lehre, dass beim Werden eines Dinges Materie und Form nicht werden, dass vielmehr aus diesen, die schon sind, das Ding werde, und dazu die von Aristoteles behauptete Ewigkeit der Weltbewegung, das ist für Z. ein letztes Hinderniss, etwas auf die Worte: „οὐκ ἀγαθὸν πολυκοιρανίη" zu geben und die Aristotelische Weltanschauung als über allen Dualismus erhaben zu erkennen. Wenn Materie und Form nicht geworden, wenn die Weltbewegung ewig ist, dann haben wir hier etwas unabhängig von Gott Gegebenes, meint Z. Dass sich übrigens Z. keine irgend acceptable Vorstellung machen kann von der Existenz der Form, resp. der mannigfachen Formen irdischer Existenzweise, wenn diese Formen nach Aristoteles, wie es wirklich der Fall ist, „weder als Ideen für sich existiren noch der Materie ursprünglich anhaften", haben wir oben (II, 3) schon gesehen. Es ist auch ganz richtig, solche Formen, wie sie sich Z. vorstellen möchte, die kann es gar nicht geben, die — können dann aber auch keine Prämisse abgeben für den Schluss auf Aristotelischen Dualismus, ebensowenig als eine Materie, die ausser der Form keine Existenz für sich hat, eine principiell der Form gegenüberstehende Realität genannt werden kann. Ich habe in „Des Aristoteles Erhabenheit etc." und auch oben den Sinn der Aristotelischen Aufstellung

Materie und Form würde nicht beim Werden des Dinges, klargelegt. Das Werden eines Dinges setzt Materie und Form desselben als bereits gegeben voraus, in seinem mit ihm synonymen Hervorbringer nämlich. Nun aber, wie wir oben sahen, bei des Kallias Eltern und Urureltern kann das der Weltwirklichkeit auf den Grund kommen wollende Denken nicht stehen bleiben. Einen das Dasein der Einzelmenschen überdauernden Idealmenschen, auf den man zuletzt rekurriren könnte, gibt es nicht. Von den wirklichen Menschen der Vergangenheit aber hat jeder, wie er zuletzt einmal aufgehört hat zu sein, so auch einmal zu sein angefangen, also einen Vater gehabt, und dessen Vater auch so, u. s. f. in's Unendliche. Wir wären so bei dem nach Aristoteles ad absurdum führenden regressus in infinitum. Bei ihm könnten wir uns nur um den Preis beruhigen, dass wir damit eo ipso die Prämissen an die Hand geben zu dem unangreifbaren Beweise, dass dieser gegenwärtige Kallias und mit ihm wir alle unmöglich gegenwärtig schon existiren können. Es müsste nämlich in diesem Falle dem Kallias eine unendliche Anzahl von Generationen seiner Ahnen vorangegangen sein. Dies ist nun aber nach der Logik des Stagiriten, nach welcher es ein infinitum actu nicht gibt, bis dato unmöglich gewesen. Solchen Widerspruch zu vermeiden, erfasst Aristoteles, die Zeit in die Ewigkeit, ihren stetigen Grund, aufhebend, den Gedanken seines πρῶτον κινοῦν πάντα, seines in allen Wirkenden wirkenden Princips aller Wirklichkeit.

14. Die von allem Werden vorausgesetzte Urmaterie und Urform ist im Sinne des Aristoteles nirgends zu suchen als in dem πρῶτον κινοῦν πάντα, an dem „der Himmel hängt und die Natur", und es will der Satz (Metaph. XII, 3, am Anfang): „οὐ γίγνεται οὔτε ἡ ὕλη οὔτε ἡ μορφή· λέγω δὲ τὰ ἔσχατα" nichts anderes sagen als: Aus nichts wird nichts; vielmehr sind alle Momente der Wirklichkeit, alles, was es gibt im Himmel und auf Erden, ewig — in dem Princip aller Wirklichkeit, in Gott. Und wie Materie und Form, so ist auch die Bewegung der Welt nur ewig, in dem sie ewig bewirkenden unbewegten Beweger, die Zeit nur ewig in der sie stets aus ihrem Schosse gebärenden wirklichen Ewigkeit, i. e. in der das Nacheinander der Zeit übergreifenden, darin stetigen Gegenwart des absoluten

Geistes, des die Welt wie am Anfang, so auch jetzt noch in sich tragenden „ersten Bewegers." Man muss diese „Ewigkeit" der Welt bei Aristoteles cum grano salis verstehen, wie so vieles andere, was er sagt. Es lässt sich nun einmal in philosophischen Materien mit Einem Worte, mit Einem Satze nicht Alles sagen, und muss man daher auch oft das hier Gesagte nur verstehen wollen zusammengenommen mit dem, was in einem vorhergehenden oder folgenden Satze gesagt ist. Neben Gott, unabhängig von Gott, durch sich selbst ist die Welt jedenfalls nicht ewig. Als das „πρῶτον κινοῦν πάντα" geht Gott nach Aristoteles jedenfalls begrifflich aller weltlichen Existenz voran, und ist nicht er durch sie, wohl aber sie durch ihn bedingt. Jedenfalls ist ferner das Schaffen des ewigen Bewegers ein nach einem ewigen Entschlusse und Plane vor sich gehendes. Sind die Bedingungen gegeben, so vollzieht sich nothwendig immer das Werden. Gott ist ewig, unveränderlich, alles in ihm ist ewig, unveränderlich, also ist auch sein Schaffen ein ewiges. Das Werdende, Gewordene aber ist, äusserlich angeschaut, soweit es sich als Hier und Jetzt erfasst oder als solches erfasst wird, immer in der Zeit —

> „Wir messen uns're trägen Schritte nach Raum und Zeit,
> Und sind, und wissen's nicht, in Mitte der Ewigkeit" —

vor ihm war ein anderes, nach ihm wird ein anderes sein. Eine Zeit aber, in der Endliches nicht gewesen sein könnte, ist nicht denkbar, und ein Grund, warum vor einem gewissen Zeitpunkt Geschaffenes nicht gewesen sein sollte, ist nicht zu finden. Den „Theologen", die dieser Weltwirklichkeit die Nacht und das Chaos, das „Alles durcheinander" vorausgehen liessen, und den Physiologen, die — wie unsere gegenwärtigen mechanischen Wärmetheoretiker — die Besorgniss äusserten (cf. Metaph. IX, 8, gegen Ende), die Gestirne möchten einmal ermüden und in ihrem Laufe stille stehen, diesen gegenüber sagt Aristoteles (Metaph. XII, 6. 1072, a, 8): „Es war nicht eine unendliche Zeit lang Chaos oder Nacht, sondern immer dasselbe, entweder im Kreislauf oder auf andere Weise, wenn doch die Aktualität früher ist als die Potenzialität (Οὐκ ἦν ἄπειρον χρόνον χάος ἢ νὺξ, ἀλλὰ τὰ αὐτὰ ἀεὶ, ἢ περιόδῳ ἢ ἄλλως, εἴπερ πρότερον ἐνέργεια δυνάμεως)" — und wir müssen ihm Recht geben.

„Unendliche Zeit lang", das war schon an und für sich unmöglich, da diese heute noch nicht abgeschlossen sein könnte; und eine, wenn auch noch so lange, endliche Zeit verstreichen zu lassen, um in ihr etwa erst auf den guten Einfall zu kommen, diese Welt zu erschaffen, war doch wohl auch nicht nothwendig für Gott.

15. In dem soeben citirten „περιόδῳ ἢ ἄλλως" liegt übrigens ein deutlicher Fingerzeig über den Sinn des Aristotelischen Ausspruchs von der Ewigkeit der Bewegung und damit der Zeit und der Welt. Von seinem Gott, dem „Alles hervorbringenden Ersten" kann es natürlich Aristoteles nicht einfallen zu sagen, er sei „περιόδῳ"; dieses „περιόδῳ" kann lediglich auf das „Alles" gehen. Gott ist selbstverständlich schlechthin „ἀεί", also im eigentlichen Sinne ἀΐδιος, κατ' ἐξοχήν ewig, während alles andere dies nur ist in ihm, seinem Princip, von dem es „periodisch oder sonstwie immer" gesetzt wird.

16. Metaph. IX, 8. 1050, b, 3 sagt Aristoteles, vom Verhältniss der Möglichkeit zur Wirklichkeit handelnd: es gehe immer eine Wirklichkeit der andern voraus bis zu der des immer zuerst Bewegenden (ἕως τῆς τοῦ ἀεὶ κινοῦντος πρώτος). Da ist es für Z. ein wahres Vergnügen, sagen zu können, und zwar zunächst wenigstens nicht mit Unrecht (S. 380), es heisse das nur: „bis zu dem ersten Glied der betreffenden Reihe, welches zu der Entstehung der ganzen Reihe den ersten Anstoss gegeben habe, dem jedesmaligen ersten Bewegenden (nicht dem πρῶτον κινοῦν im absoluten Sinn)". Ein solcher erster Bewegender ist z. B. ein berühmter Künstler, mit dem eine neue Schule der betreffenden Kunst sich eröffnet, oder es ist in einer Schäferfamilie der erste Wunderdoktor, der seine „ägyptische" Kunst seinem Sohne und durch diesen seinen späten Nachkommen hinterlässt u. s. f. So sehr übrigens Z. hier Recht hat, so sehr hat er zugleich Unrecht, wenn er meint, es folge aus der angeführten Stelle nicht, „dass die schöpferische Wirksamkeit der Gottheit allem Sein der Zeit nach vorangehe". Hätte er doch ein paar Zeilen weiter gelesen! Aristoteles sagt im unmittelbaren Anschluss an die angeführte Stelle: „Dies gilt aber auch in höherem Sinn. Denn das Ewige ist der Substanz nach

früher als das Vergängliche.... Das Potenzielle kann sowohl sein als nicht sein.... Was aber nicht sein kann, ist vergänglich.... Daher ist nichts von dem schlechthin (i. e. der Substanz nach) Unvergänglichen potenziell.... Auch von dem, was nothwendiger Weise ist, ist nichts der Substanz nach potenziell; dies ist aber das (im absoluten Sinne) Erste. Denn wenn das nicht wäre, wäre gar nichts (Ἀλλὰ μὴν καὶ κυριωτέρως. Τὰ μὲν γὰρ ἀΐδια πρότερα τῇ οὐσίᾳ τῶν φθαρτῶν.... Τὸ δυνατὸν εἶναι ἐνδέχεται καὶ εἶναι καὶ μὴ εἶναι.... Τὸ δὲ ἐνδεχόμενον μὴ εἶναι φθαρτόν.... Οὐθὲν ἄρα τῶν ἀφθάρτων ἁπλῶς δυνάμει ἐστὶν ὂν ἁπλῶς.... οὐδὲ τῶν ἐξ ἀνάγκης ὄντων· καίτοι ταῦτα πρῶτα. Εἰ γὰρ ταῦτα μὴ ἦν, οὐθὲν ἂν ἦν)". Das Ewige, Nothwendige, Erste (= Gott) ist also der Substanz nach früher als das Vergängliche, ist nie bloss möglich, vielmehr ewig wirklich nach Aristoteles. Aber — es steht der Plural, es ist die Rede von einem vielheitlichen Nothwendigen, von einer Mehrheit von Ersten! Das ist indess blosser Schein; durch den Plural — τὰ ἀΐδια, τὰ ἐξ ἀνάγκης ὄντα, τὰ πρῶτα — ist hier lediglich der Begriff des „Ersten" generell bezeichnet, indem Aristoteles gleichsam ex concessis spricht, nach der allgemeinen Voraussetzung der Philosophen über die Principien. Metaph. VII, 11, gegen Ende spricht er hypothetisch — von der Krummheit als einem Ersten, einer für sich bestehenden Wesenheit. Im Ernste kennt Aristoteles nur Ein Erstes. Metaph. XII, 7. 1072, b, 7 und im Zusammenhang damit XII, 8. 1074, a, 31 zeigt er, dass das schlechthin Erste und schlechthin Nothwendige und darum ewig Wirkliche eben nur der Eine Gott ist.

17. Metaph. XI, 7. 1064, a, 34 ff. hatte Aristoteles gesagt, er werde zu zeigen versuchen, dass es eine für sich existirende unbewegliche (unveränderliche) Substanz (οὐσία τις χωριστὴ καὶ ἀκίνητος) gebe, in der die Gottheit zu suchen sei und das höchste Princip, das Princip im höchsten Sinne des Wortes (ἐνταῦθα ἂν εἴη που καὶ τὸ θεῖον· καὶ αὕτη ἂν εἴη πρώτη καὶ κυριωτάτη ἀρχή). Den so in Aussicht gestellten Beweis beginnt Aristoles Metaph XII, 6 (am Anfang) mit der Thesis, dass die anfangslose Bewegung ein ewiges unbewegtes Bewegendes voraussetze. „Die Substanzen sind nämlich das erste vom Seienden, und wenn sie alle ver-

gänglich wären, so wäre Alles vergänglich. Nun ist es aber unmöglieh, dass die Bewegung werde oder vergehe; denn sie war ewig (ἀνάγκη εἶναί τινα ἀΐδιον οὐσίαν ἀκίνητον. Αἵ τε γὰρ οὐσίαι πρῶται τῶν ὄντων· καὶ εἰ πᾶσαι φθαρταί, πάντα φθαρτά. Ἀλλ' ἀδύνατον κίνησιν ἢ γενέσθαι ἢ φθαρῆναι· ἀεὶ γὰρ ἦν)". Also alle οὐσίαι können unmöglich vergänglich sein, es muss eine unvergängliche geben. Damit ist schon ziemlich deutlich gesagt, dass Eine genüge und es vieler nicht bedürfe zur Erklärung der Weltwirklichkeit. Nachdem Aristoteles sodann im 6. und 7. Kapitel des 12. Buches der Metaphysik den Beweis von dem der Weltbewegung zu Grunde liegenden, von ihr vorausgesetzten schlechthin nothwendigen unbewegten Bewegenden geliefert und dessen „grösselose", i. e. rein geistige Natur, die von unendlicher Kraft sei, des nähern charakterisirt, oft mit Ausdrücken und Wendungen, die deutlich zeigen, dass er eben nur seinen Einen Gott vor Augen habe, stellt er auf einmal im 8. Kapitel die Frage, ob man mehrere dergleichen unbewegte bewegende οὐσίαι anzunehmen habe oder nur Eine, und beantwortet sie mit unschwer zu erkennender Ironie dahin: man könne nach der Anzahl der am Himmel stattfindenden Bewegungen 47 oder 55 solche unbewegte Beweger, i. e. Götter annehmen; er überlasse dies den in den astronomischen Berechnungen Stärkeren. Diese offenbar aus Respekt für das fromme Vielgötterei-Bedürfniss geschriebene weitläufige Erörterung über mit mehr oder weniger Wahrscheinlichkeit anzunehmende 47 oder 55 ewige erste Beweger abbrechend stellt Aristoteles ihrer Ungewissheit das sichere Bewusstsein gegenüber, dass der Himmel nur Einer und die ihn bewegende „erste Wesenheit" (τὸ τί ἦν εἶναι τὸ πρῶτον) nur Eine sei. Der Begriff sei nämlich Einer in den Vielen und die Vielheit beruhe auf der Materie, der Möglichkeit des Seins, wie der Eine Begriff des Menschen sich in vielen, in Sokrates u. s. w. verwirkliche; die erste Wesenheit aber habe keine Materie, keine Möglichkeit, sei vielmehr reine Wirklichkeit, somit einzig und auch der von ihr bewegte Himmel nur Einer. Von dieser Einen „ersten Wesenheit" ist auch noch weiterhin die Rede im 12. Buche der Metaphysik, und zwar so, dass sie, wie wir bereits sahen, im 10. Kapitel — nicht in populärer, sondern in eminent wissenschaftlicher, den

Aristotelischen Standpunkt andern Auffassungen gegenüber prä-
cisirender Auseinandersetzung — deutlich bezeichnet wird als das
die Welt bewegende, i. e. hervorbringende und zu ihrem Ziele
führende Princip, das, wenn auch in dieser Weltbewegung verschiedene Momente — relative „Principien" — sich unterscheiden,
dennoch mit nichts, was ausser ihm gegeben wäre, konkurrirt zur
Effektuirung der Welt, vielmehr der einheitliche Grund und das
Ziel von Allem ist, das Princip im eigentlichsten Sinne des
Wortes ($\varkappa\upsilon\varrho\iota\omega\tau\acute{\alpha}\tau\eta$ $\mathring{\alpha}\varrho\chi\acute{\eta}$), der Eine Herrscher ($\varepsilon\widetilde{\iota}\varsigma$ $\varkappa o\acute{\iota}\varrho\alpha\nu o\varsigma$), neben
dem es keine andern Herrscher gibt. Von den „47 oder 55"
Planetengöttern dagegen, — die sich allerdings mit dem „$\varepsilon\widetilde{\iota}\varsigma$
$\varkappa o\acute{\iota}\varrho\alpha\nu o\varsigma$" und mit der Bekämpfung vieler Principien, wie sie das
letzte Kapitel des 12. Buches der Metaphysik enthält, schlecht
vertragen — nimmt Aristoteles am Ende des 8. Kapitels Abschied,
indem er sie mit den Göttern der Mythologie zusammenstellt. Es
sei nämlich, meint er, ein guter Gedanke, die Beweger der
himmlischen Sphären, die so durch ihre Wirksamkeit bezeugten
ersten Substanzen Götter zu heissen; was man weiter ihnen an-
dichtete, das Mythologische, sei anthropomorphistische Zuthat:
überhaupt lägen in der Mythologie die Trümmer einer alten
Weisheit vor, die vielleicht schon öfter entdeckt, aber immer
wieder verdunkelt worden, in ihrer ursprünglichen Gestalt uns
jedenfalls nicht mehr recht erkennbar sei ($\mathring{\varepsilon}\pi\grave{\iota}$ $\tau o\sigma o\widetilde{\upsilon}\tau o\nu$ $\mathring{\eta}\mu\widetilde{\iota}\nu$
$\varphi\alpha\nu\varepsilon\varrho\grave{\alpha}$ $\mu\acute{o}\nu o\nu$). Damit ist gewiss ziemlich deutlich — so deutlich,
als es bei der Rücksicht auf die Vertreter der Volksreligion, die
in Athen schon an zweien der namhaftesten Philosophen mittels
des weltlichen Arms ein Exempel statuirt hatten, nur möglich
war — ausgesprochen, dass jene „alte Weisheit" eben die von
Aristoteles (wieder-) entdeckte sei, und dass der Glanz der so
und so vielen Planetenbeweger, i. e. der Götter der Mythologie
erbleiche vor dem Sonnenlichte seines einzigen ersten Bewegers,
dessen unendliche in absoluter Vernünftigkeit bethätigte Kraft
eher als causa sufficiens gelten kann für die zweckmässige Welt-
ordnung denn die konkurrirende Thätigkeit einer ganzen Reihe
von selbständigen Substanzen. Will man den Aristoteles in einem
vernünftigen Sinne verstehen, so verstehen, wie er sich offenbar
selbst verstanden wissen wollte, so muss man diese langweiligen

circa 50 Planetengötter, auf die auch Aristoteles sonst nicht weiter reflektirt, fahren lassen und sich an das „πρῶτον πάντων κινοῦν πάντα", i. e. an den Alles hervorbringenden und zu seinem Ziele führenden Aristotelischen Gott halten, der, falls besondere Beweger der Planetensphären nothwendig wären, als „Alles (πάντα)" hervorbringend natürlich auch diese hervorbrächte, von dem auch Aristoteles an der oben citirten Stelle (Metaph. XII, S. 1074, a, 31) betont, was er von den Planetengöttern nicht sagt, dass er „keine Materie habe", d. h. nicht erst aus der Möglichkeit in die Wirklichkeit überzugehen habe, um zu sein, dass er vielmehr a priori reine Wirklichkeit, und daher nicht bloss begrifflich, sondern auch der Realität nach eine Einheit sei (ἓν καὶ λόγῳ καὶ ἀριθμῷ) — woraus sich auch ergibt, dass er allein κατ' ἐξοχήν ewig ist, während alles andere — nur in sekundärer Weise ewig genannt werden kann, sofern es seinen Grund im allein unbedingt nothwendigen ersten Bewegenden hat, das von Ewigkeit bewegt, i. e. die Welt schafft. Dass dies und nichts anderes der Sinn der Aristotelischen Behauptung der Ewigkeit der Welt sei, ist ausser Zweifel gestellt durch das oben (Nr. 14 und 15) citirte „περιόδῳ", wie es schon aus dem Begriffe des Aristotelischen Gottes als des „πρῶτον πάντων κινοῦν πάντα" — vorausgesetzt die nach den oben (Nr. 8) citirten Stellen nicht missverständliche Bedeutung des hier fraglichen κινεῖν — mit Nothwendigkeit sich ergibt.

18. Während Z. sonst unbedenklich eine Unzahl von Widersprüchen konstatirt, die nur er selbst in den Aristoteles hineingelesen, finden wir ihn S. 380 auf einmal ernstlich bemüht, den Vorwurf eines Widerspruchs von dem Philosophen abzuwälzen. Die von Aristoteles gelehrte Ewigkeit der Welt, meint er, lasse sich unmöglich mit der Annahme einer Weltschöpfung durch den Begriff einer ewigen Schöpferthätigkeit Gottes vermitteln, da „ein Einzelwesen (Gott), um andere Wesen hervorzubringen, nothwendig vor ihnen vorhanden sein muss". „Einen solchen Widerspruch dem Aristoteles zuzuschreiben", fährt dann Z. fort, „wären wir doch nur dann berechtigt, wenn sich beides, die Ewigkeit der Welt und die göttliche Schöpferthäligkeit bei ihm nachweisen liesse. Davon findet aber in Wirklichkeit das Gegentheil statt:

5

Aristoteles lehrt zwar die Ewigkeit der Welt mit aller Bestimmtheit, von einer schöpferischen Thätigkeit Gottes dagegen findet sich bei ihm nicht bloss kein Wort, sondern er erklärt ausdrücklich, dass ihm ein *ποιεῖν* überhaupt nicht zukomme". So Z.; Aristoteles aber hat keine Ursache, sonderlich dankbar zu sein für den ihm geleisteten Liebesdienst. Aus unsern obigen Nachweisungen (Nr. 8—17) ersieht man deutlich, dass die in Frage stehende Ewigkeit der Welt keineswegs als eine unabhängig von Gott bestehende zu denken, dass sie vielmehr die ewige Schöpferthätigkeit Gottes voraussetze, dass die göttliche Schöpferthätigkeit von Aristoteles nicht minder bestimmt gelehrt werde als die Ewigkeit der Welt, und dass beide Lehren sich wohl mit einander vertragen, dass die Weltbewegung nach Aristoteles nur ewig ist in ihrem Grunde, dem ewigen unbewegten Beweger, der auch von innen heraus die Zweckmässigkeit der Natur stetig (ewig) effektuirt, also dies nicht, wie Z. sichs vorstellt (S. 381) in einem bestimmten Zeitpunkt durch äusseres Einwirken auf etwas ihm Aeusserliches, ihm von aussen Gegebenes zu thun braucht.

V.

Noch ein paar Bemerkungen.

Ich könnte natürlich noch manche Kuriosa aus Z. anführen: es wird aber, denke ich, das Mitgetheilte genügen. Dass Z. die Aristotelische Lehre in ihren Hauptpunkten missversteht, glaube ich gezeigt zu haben. Mit der nachgewiesenen Falschheit der Z.'schen Darstellung des Aristoteles fällt natürlich auch seine Erwartung, es werde aus dieser seiner Darstellung „zur Genüge hervorgehen", dass ich dem Aristoteles „fremde Spekulationen unterschoben". Ich habe dem Aristoteles nichts unterschoben, sondern seine Worte, ohne ihnen im geringsten Gewalt anzuthun, in einem Sinne gedeutet, der seine Gedankenreihe als eine mit sich übereinstimmende und vernünftige erscheinen lässt, während nach der Zeller'schen Darstellung Aristoteles als Konfusionsrath erster Grösse, seine Spekulation als ein Sammelsurium aller möglichen und unmöglichen Widersprüche erscheint. Dass einzelne dem Gesichtspunkte der in sich einheitlichen Aristotelischen Anschauung entrückte, einseitig für sich genommene und gepresste Aristotelische Sätze sich im Sinne der Zeller'schen Auffassung deuten lassen, kann zugegeben werden; bei so und so viel andern Sätzen aber erweist sich, genau besehen, die Z.'sche Deutung als eine greifbare Missdeutung. So mag es, um noch etwas aus Z. anzuführen, richtig sein, dass der Wortlaut der Aristotelischen Bezeichnung Gottes als $\varkappa v \varrho \iota \omega \tau \acute{\alpha} \tau \eta \ \grave{\alpha} \varrho \chi \acute{\eta}$ auch die Z.'sche Deutung zulässt. Dass aber das „$\varepsilon \check{\iota} \varsigma \ \varkappa o \acute{\iota} \varrho \alpha \nu o \varsigma \ \check{\varepsilon} \sigma \tau \omega$!" am Schlusse von Metaph. XII, 10 im Zeller'schen Sinne sich deuten lasse, kann sich nur imaginiren, wer über den Zusammenhang gänzlich hinwegsieht. Ja, ja, „wer Alleinherrscher ist, der ist ja noch lange nicht der Schöpfer seiner Unterthanen". Z. übersieht hier (S. 379, Anm. 3) bloss die Hauptsache, das tertium comparationis. Es handelt sich nicht um Herrscher und Unterthanen, sondern um die Frage nach Einem oder mehreren Herrschern, i. e. Principien. In dem ganzen Kapitel schlägt Aristoteles los gegen die Annahme gegensätzlicher und überhaupt vieler Principien. Gegen das Principsein dieser „Principien" ist das „$\varepsilon \check{\iota} \varsigma \ \varkappa o \acute{\iota} \varrho \alpha \nu o \varsigma \ \check{\varepsilon} \sigma \tau \omega$!" gerichtet; in dem Sinne des Wortes, wie das „$\pi \varrho \tilde{\omega} \tau o \nu \ \pi \acute{\alpha} \nu \tau \omega \nu \ \varkappa \iota \nu o \tilde{\upsilon} \nu \ \pi \acute{\alpha} \nu \tau \alpha$" Princip ist, neben ihm, ist nichts Princip, auch das nicht, was Aristoteles sonst oft Princip ($\grave{\alpha} \varrho \chi \acute{\eta}$) nennt. Die andern „Principien" nennt er ein anderes Mal wieder „Elemente ($\sigma \tau o \iota \chi \varepsilon \tilde{\iota} \alpha$)", nie aber so seinen ersten unbewegten Beweger; dieser ist ihm (Metaph. XI, 7. 1064 a, 36) $\varkappa v \varrho \iota \omega \tau \acute{\alpha} \tau \eta \ \grave{\alpha} \varrho \chi \acute{\eta}$, Princip im eigentlichsten Sinne dieses Wortes. —

Zum Schlusse möchte ich noch auf „Des Aristoteles Erhabenheit etc." mit ein paar Worten zurückkommen, möchte nämlich zu dem aus der Erörterung des Aristotelischen Begriffs der Gegensätzlichkeit daselbst (S. 36—43) geführten Nachweis, dass die Materie neben Gott nach Aristoteles gar keinen Platz habe, hier eine ergänzende nachträgliche Bemerkung machen. Es ist da den konträren Gegensatz betreffend unter anderm auch gesagt: „es finde bei konträr einander gegenüberstehenden Arten einer Gattung durch Veränderung ein gegenseitiger Uebergang in einander statt". Die Arten und Gattungen. um die sich's hier handelt, sind natürlich nicht die Arten und Gattungen des substanziellen Seins als solchen, sondern die Arten und Gattungen dessen, wovon es allein nach Aristoteles (Metaph. XI, 11 am Ende und ibid. 12 am Anfang) eine konträre Entgegensetzung (ἐναντίωσις) gibt. Eine solche gibt es nur nach den Kategorien der Qualität, der Quantität und des Ortes. Die angeführten Aristotelischen Beispiele (Schwarz und Weiss S. 41 und Klein und Gross, S. 42 f.) deuten das allerdings an, aber ich hätte es wohl, weniger sorglos als Aristoteles in solchen Dingen, ausdrücklich bemerken sollen, um einem möglichen Missverständnisse vorzubeugen. — Ebenso finde hier noch Platz eine Bemerkung zu folgendem Passus über die φορά des Himmels ("Des Aristoteles Erhabenheit etc." S. 6): "Sie ist die Bedingung aller übrigen Veränderungen, geht speciell allem Hervorgehen einer Substanz aus einer andern, allem Entstehen und Vergehen voraus etc.". Es ist natürlich gemeint: allem Hervorgehen einer räumlich gesetzten Substanz aus einer andern räumlich gesetzten. Nicht aber geht die φορά des Himmels voraus der ursprünglichen — ewigen Setzung der Welt und damit ihrer selbst aus der "grösselosen" (überräumlichen) absoluten Substanz.

Kgl. Hof-Buchdruckerei von E. Mühlthaler in München.

Inhalt.

———

	Seite
Einleitung	11
I. Das Einzelne und das Allgemeine	12
II. Die Form und der Stoff, das Wirkliche und das Mögliche . .	18
III. Der νοῦς (die thätige und leidende Vernunft)	26
IV. Die Aristotelische Gotteslehre	33
V. Noch ein paar Bemerkungen	58

www.ingramcontent.com/pod-product-compliance
Lightning Source LLC
Chambersburg PA
CBHW081524040426

42447CB00013B/3326